3ª EDIÇÃO

OS FUNDOS DE INVESTIMENTO EM DIREITOS CREDITÓRIOS (FIDC)

ATUALIZADA DE ACORDO COM A RESOLUÇÃO CVM 175/2022

DANIELA MARIN PIRES

APRESENTAÇÃO ERIK OIOLI

ALMEDINA
BRASIL
Rio de Janeiro, 2025

Os Fundos de Investimento em Direitos Creditórios (FIDC)

ALMEDINA é uma empresa do Grupo Editorial Alta Books (Starlin Alta Editora e Consultoria LTDA).

ISBN: 978-85-8493-849-0

Impresso no Brasil – 1ª Edição, 2025 – Edição revisada conforme o Acordo Ortográfico da Língua Portuguesa de 2009.

Dados Internacionais de Catalogação na Publicação (CIP)

P664f

1.ed.- Pires, Daniela Marin.

Os fundos de investimento em direitos creditórios (FIDC): atualizada de acordo com a Resolução CVM 175/2022 / Daniela Marin Pires. Rio de Janeiro: Almedina Brasil: Grupo Alta Books, 2025.

208 p. ; 15,7 x 23 cm.

ISBN 978-85-8493-849-0

1. Fundos de investimento. 2. Mercado de capitais. 3. Títulos de crédito. 4. Regulação financeira - Brasil. 5. Direito comercial. I. Oioli, Erik. II. Título.

CDD 346.092

Índice para catálogo sistemático:

1. - Pessoas em direito privado 346.092

Grupo Editorial Alta Books

Produção Editorial: Grupo Editorial Alta Books
Diretor Editorial: Anderson Vieira
Editora-Chefe: Manuella Santos de Castro
Vendas Governamentais: Cristiane Mutüs

Produtor Editorial: Thiê Alves
Diagramação: Aurélio Corrêa
Revisão: Carlos Bacci

ALTA BOOKS
GRUPO EDITORIAL

Rua Viúva Cláudio, 291 – Bairro Industrial do Jacaré
CEP: 20.970-031 – Rio de Janeiro (RJ)
Tels.: (21) 3278-8069 / 3278-8419
www.altabooks.com.br – altabooks@altabooks.com.br
Ouvidoria: ouvidoria@altabooks.com.br

Editora **afiliada à:**

ASSOCIADO

"Você não consegue escapar da responsabilidade de amanhã esquivando-se dela hoje."

Abraham Lincoln

Aos meus pais, Maria Cristina Marin Pires e Domingos Antônio Pires, que sempre me incentivaram e contribuíram para meus estudos e meu desenvolvimento pessoal, religioso e intelectual,
e me ensinaram a cultivar os grandes valores desta vida,
pelo imensurável amor existente entre nós.

Aos meus filhos, João e Maria, minha inspiração e exemplo de amor incondicional

AGRADECIMENTOS

Ao professor e doutor Erik Oioli, pelas valiosas orientações durante o processo de construção deste trabalho.

Ao Paulo Roberto Piccina Amora, pelo companheirismo e incentivo na divulgação deste estudo.

Por fim, a todos aqueles que de alguma forma contribuíram para a conclusão desta pesquisa.

APRESENTAÇÃO

O livro "Os Fundos de Investimento em Direitos Creditórios (FIDC)", ora em sua terceira edição, foi pioneiro ao tratar desse tipo de fundo, que é invenção exclusivamente brasileira, e desde seu lançamento é obra indispensável para compreensão do assunto.

Os fundos de investimento em direitos creditórios (FIDC) foram criados em 2001 como um instrumento para antecipação de recebíveis alternativo às securitizações tradicionais realizadas por companhias securitizadoras. A estrutura de securitização através de um fundo de investimento trazia maior eficiência e flexibilidade para estruturação de operações envolvendo recebíveis, e logo se tornou um valioso instrumento para captação de recursos no mercado de capitais e financiamento de empresas de diferentes portes, sobretudo para aquelas que não conseguem suportar os custos de acesso direto ao mercado.

Em 2006, foram criados os FIDC não padronizados, ampliando ainda mais as possibilidades de captação de recursos com lastro em recebíveis, ainda que de existência futura, aumentando, também, a complexidade do produto. Em 2013, a regulamentação do FIDC editada pela Comissão de Valores Mobiliários (Instrução CVM 356/01) passou por uma primeira grande reforma, por meio da Instrução CVM 531, que veio a impactar o desenvolvimento da indústria, sobretudo em função de novas responsabilidades aos prestadores de serviços e imposição de regras visando à limitação do conflito de interesses.

Mais recentemente, a edição da Resolução CVM 175/22, impulsionada pelas mudanças estruturais da regulação de fundos de investimento trazidas pela Lei nº 13.874/19 ("Lei da Liberdade Econômica"), revoga a Instrução CVM 356/01 e introduz novas mudanças na disciplina dos FIDC, ora disposta no Anexo II da referida Resolução.

A obra da autora Daniela Marin Pires faz uma percuciente análise do tema, partindo de uma visão macro sobre a evolução da securitização no Brasil — agora também sob a égide de uma lei própria, a Lei nº 14.430/22 — e dos fundos de investimento, para então esmiuçar a disciplina dos FIDC, passando pelos principais aspectos e características, pela composição da carteira, classes de cotas, prestadores de serviços, documentação necessária e processo de registro na CVM e não se furta em adentrar em aspectos econômicos e contábeis indispensáveis para a estruturação desses fundos.

Nesta nova edição, a autora é mais uma vez pioneira ao atualizar a disciplina à luz das relevantes mudanças introduzidas na legislação sobre securitização e, sobretudo, fundos de investimento, em especial a Resolução CVM nº 175, que introduziu inovações significativas em toda a indústria de fundos brasileira. Assim, a obra continua sendo indispensável a qualquer leitor que queira se aprofundar no tema e compreender como os FIDC podem servir como instrumento eficaz de financiamento com base em recebíveis, com segurança e retorno atrativo a investidores.

São Paulo, 12 de junho de 2024.

INTRODUÇÃO

No contexto de um cenário de efetivo crescimento do mercado de capitais brasileiro na primeira década do século XXI, os fundos de investimentos em direitos creditórios (FIDCs) foram instituídos pelo Conselho Monetário Nacional (CMN), por meio de Resolução destinada a autorizar a constituição e o funcionamento dos referidos fundos de investimento (Resolução nº 2.907, de 29 de novembro de 2001) e regulamentados pela Comissão de Valores Mobiliários (CVM) por intermédio da Resolução CVM nº 175, de 23 de dezembro de 2022, conforme alterada, colaborando de maneira significativa com tal crescimento.

Os FIDCs são utilizados como uma alternativa para as empresas terem acesso ao mercado de capitais, uma vez que, antes de seu advento, esse acesso era privativo às companhias abertas. Ademais, os FIDCs são utilizados como uma alternativa de financiamento às empresas, as quais desejam se financiar em médio e longo prazos e a baixos custos, haja vista que a avaliação de crédito, quando não houver qualquer mecanismo de garantia, coobrigação e/ou de mitigação de risco de crédito dos direitos creditórios oferecidos pelas referidas empresas, conforme será tratado adiante, é realizada sobre os ativos — direitos de crédito —, os quais integram a carteira do fundo, e, por tal motivo, as taxas costumam ser mais vantajosas e atrativas em comparação com aquelas que seriam cobradas das próprias empresas, por instituições financeiras. Em geral, essas instituições concedem crédito a custos mais elevados, pois avaliam o crédito da própria empresa – e de forma mais penosa, na medida em que passam por etapas complexas de políticas de *Know your Client* (conheça seu cliente) e por uma criteriosa avaliação de crédito e de diligência na empresa.

É também pelo motivo salientado no parágrafo anterior, que os FIDCs passaram a ser acessíveis para empresas que atuam nos mais diversos segmentos da economia, sejam elas de médio ou grande porte, o que não ocorre nas emissões públicas de debêntures, por exemplo. Essas emissões, ofertadas no âmbito da Resolução CVM nº 160, de 13 de julho de 2022, exigem que a empresa seja uma sociedade anônima bem assim que ela seja registrada como um emissor de valores mobiliários perante a CVM[1], o que gera um custo adicional de manutenção da empresa e do aludido registro perante a CVM em comparação com a sociedade limitada.

---

1 Art. 20 da Resolução CVM no 80, de 29 de março de 2022: "A negociação de valores mobiliários em mercados regulamentados, no Brasil, depende de prévio registro do emissor na CVM: [...]
§ 2º O emissor de valores mobiliários deve estar organizado sob a forma de sociedade anônima, exceto quando esta Resolução dispuser de modo diverso".
Art . 21. A Comissão de Valores Mobiliários manterá, além do registro de que trata o Art. 19:
I - o registro para negociação na bolsa;
II - o registro para negociação no mercado de balcão, organizado ou não.
§ 1º - Somente os valores mobiliários emitidos por companhia registrada nos termos deste artigo podem ser negociados na bolsa e no mercado de balcão.

Essa prerrogativa das empresas é essencial para o seu bom desenvolvimento e crescimento, na medida em que elas, por meio do uso da aludida captação de recursos, poderão ampliar suas atividades e implantar novos projetos de investimento, sem aumentar o próprio nível de endividamento nem onerar o balanço — o que vale para algumas modalidades de FIDCs conforme será tratado adiante no item 3.9 — Aspectos Contábeis Relevantes.

Isso porque no FIDC os recursos entram na empresa, por meio do pagamento, pelo fundo, do preço pago a ela pela cessão dos direitos de crédito ao fundo, propiciando, por conseguinte, o rápido e sólido crescimento do setor empresarial.

Além das vantagens apontadas, os FIDCs mobilizam a poupança popular, por serem considerados um atrativo e rentável investimento em renda fixa para os investidores.

Para compreensão do conceito dos FIDCs, é necessário que previamente se tenha conhecimento da estrutura de uma operação de securitização.

Nesse sentido, uma operação de securitização é aquela em que o originador dos créditos segrega, por meio da cessão de crédito, os direitos de crédito de que é titular a uma sociedade de propósito específico (SPE), denominada securitizadora, a qual, de acordo com o disposto no artigo 18 da Lei nº 14.430/22, é uma instituição não financeira constituída sob a forma de sociedade por ações que tem por finalidade realizar operações de securitização que, por sua vez, emitirá valores mobiliários. Esses valores serão adquiridos por investidores e remunerados com o fluxo futuro gerado pelos pagamentos dos referidos direitos de crédito pelos devedores destes.

Em 2022 foi finalmente editada uma lei que veio a reger as operações de securitização no Brasil — Lei nº 14.430 — e conceituá-las em seu artigo 18, parágrafo único, como a aquisição de direitos creditórios para lastrear a emissão de certificados de recebíveis ou outros títulos e valores mobiliários perante investidores, cujo pagamento deve ser condicionado ao recebimento de recursos dos direitos creditórios e dos demais bens, direitos e garantias que o lastreiam.

O FIDC é, portanto, uma espécie de operação de securitização. A única diferença entre a securitização e os FIDCs está, essencialmente, no fato de que, nas operações de securitização, compete à sociedade de propósito específico – sociedade anônima – adquirir os direitos creditórios e emitir os valores mobiliários lastreados nestes, ao passo que nos FIDCs o fundo, que tem natureza jurídica de condomínio, mas de natureza especial, definição essa trazida pela Lei da Liberdade Econômica que incluiu tal natureza jurídica no Código Civil Brasileiro, de acordo com o disposto no art. 1.368-C da referida lei e art. 4º, da Resolução CVM n. 175/2022[2] — embora existam controvérsias na doutrina, conforme será abordado

2 Art. 1.368-C. O fundo de investimento é uma comunhão de recursos, constituído sob a forma de condomínio de natureza especial, destinado à aplicação em ativos financeiros, bens e direitos de qualquer natureza.
Art. 4o da Resolução CVM no 175: "O fundo de investimento é uma comunhão de recursos, constituído sob a forma de condomínio de natureza especial, destinado à aplicação em ativos financeiros, bens e direitos, de acordo com a regra específica aplicável à categoria do fundo.[...]

neste trabalho —, desempenha o papel da sociedade de propósito específico.

No tocante à estruturação, atuam nos FIDCs vários prestadores de serviços contratados pelo fundo, os quais, além de contribuírem com a segurança da operação, contribuem com a boa avaliação do *rating* do fundo, assumindo primordiais obrigações para a sua boa estruturação e funcionamento, tema este a ser abordado em capítulo próprio.

O presente estudo tem, assim, como principal escopo analisar todos os aspectos e características do FIDC, em conformidade com os normativos da CVM, abordando de maneira detalhada a real importância representada por esse meio de financiamento para as empresas.

Este trabalho está estruturado em três capítulos.

- O Capítulo 1 faz um breve estudo a respeito da securitização e seu conceito e estrutura de funcionamento, bem como apresenta uma abordagem do direito comparado.
- O Capítulo 2 discorre sobre o conceito de fundo de investimento, sua história, principais características, bem como trata das instituições atuantes, no fundo de investimento e suas principais funções.
- O Capítulo 3 aprofunda a análise da estrutura de financiamento por meio da utilização dos FIDCs, das características dos FIDCs, em conformidade com a Resolução CVM nº 175/2022, das vantagens e desvan-

tagens trazidas pelo FIDC, do papel desempenhado pela CVM nessa espécie de operação, desde a competência normativa até a competência registrária e fiscalizatória, dos documentos que integram uma operação de FIDC. Por fim, o capítulo aborda as funções desempenhadas pelas instituições participantes contratadas para estruturar a aludida operação.

Por derradeiro, o item Conclusão retoma a análise do tema proposto, destacando e reforçando as principais posições apresentadas ao longo do estudo.

SUMÁRIO

CAPÍTULO 1
SECURITIZAÇÃO DE RECEBÍVEIS

1. HISTÓRIA DA SECURITIZAÇÃO

As primeiras estruturas de securitização apareceram na Itália, entre os séculos XII e XV, conforme salienta Meir G. Kohn[1], mais especificamente em Gênova, nas comunas italianas. O objetivo era propiciar a essas comunas recursos para financiar as guerras, as colonizações ou a construção de navios de guerra. Para tanto, recebiam recursos de investi-

1 Kohn, Meir G. Thecapitalmarketbefore 1600. Dartmouth College, Department of Economics Working Paper No. 99-06, Feb. 1999. p. 09. Disponível em: <www.dartmouth.edu/-mkohn/ Papers/99-06.pdf>. Acesso em: 28 mar. 2012: "The basic institution was pioneered by Genoa. Whenever the commune needed to finance a major expenditure, such as a war or colonization, it formed a syndicate (compera) of investors to provide the capital. Each investor contributed 100 lire and received in exchange one share (luoghe). To fund the interest and repayment, the commune vested in the compera ownership of a tax, usually created for the purpose. The earliest known compera, from 1164, had 11 shareholders and was constituted for a period of 11 years. The compera is an early example of a financial structure known today as a securitization.". (Tradução livre para este estudo: "A instituição básica e pioneira foi em Gênova. Sempre que uma comuna precisava financiar despesas de guerra ou de colonização, ela formava um sindicato (compera) de investidores que forneciam capital. Cada investidor contribuía com 100 liras [moeda italiana entre 1861 a 2002] e recebia em troca uma ação, representativa do direito de receber a arrecadação de um tributo, criado com esse propósito. O mais conhecido e antigo compera foi criado em 1164, era composto por 11 acionistas e teve uma duração de 11 anos".)

dores, os quais formavam um sindicato de investidores denominados *compera*; em troca, recebiam ações (*luoghe*), representativas do direito de receber recursos provenientes da arrecadação de tributos criados para os fins dessa transação.

A era moderna da securitização surgiu nos anos 70 do século XX, nos Estados Unidos, no mercado imobiliário, em razão da pouca oferta de capitais, como alternativa de financiamento no setor.

O mercado norte-americano, nessa época, era gerido por agências governamentais autorizadas pelo governo dos Estados Unidos, que tinham por objetivo aumentar a oferta de títulos de renda fixa lastreados em hipotecas residenciais, para o financiamento imobiliário, sendo então emitidos títulos denominados *Mortgage Backed Securities.*

As securitizações envolvendo ativos, que não as hipotecas, eram então denominados *asset-backed securities* (ABS)[2].

Segundo Mauro Mattes e Lucas de Lima Neto[3], as duas primeiras emissões de securitização de ativos que inauguraram a era das *asset-backed securities* — títulos de renda fixa lastreados em um *pool de* recebíveis vinculados a recebíveis

---

2 Statement of Cameron L. Cowan Partner, Orrick, Herrington, and Sutcliffe, LLP on behalf of the American Securitization Forum, before the Subcomittee on Housing and Community Opportunity, Subcomittee on Financial Institutions and Consumer Credit, United States House of Representatives, Hearing onprotecting homeowners: preventing abusive lending while preserving access to credit, November 5, 2003. p 03. Disponível em: <http://financialservices.house.gov/media/pdf/110503cc.pdf>. Acesso em: 18 setembro 2023.

3 Lima Neto, Lucas de (Org.). Securitização de ativos – a era da desintermediação financeira. Porto Alegre: Zouk, 2007. p. 13. (Gainvest Publicações).

de cartões de crédito, recebíveis de operações de financiamento, entre outros — foram feitas, uma por uma empresa de *leasing* de computadores em 1985[4], e a outra, vinculada a financiamentos de automóveis (*certificates of automobile receivables*).

Até meados da primeira década do século XXI, nos Estados Unidos, os instrumentos de securitização de recebíveis representavam mais de 50% do produto interno bruto (PIB), especialmente em função dos recebíveis imobiliários e de administradoras de cartões de crédito[5], tendo a primeira operação envolvendo recebíveis lastreados em cartão de crédito ocorrido em 1986.

4 "The first asset-backed securities (ABS) date to 1985 when the Sperry Lease Finance Corporation created securities backed by its computer equipment leases. Leases, similar to loans, involve predictable cash flows. In the case of Sperry, the cash flow comes from payments made by the lessee. Sperry sold its rights to the lease payments to an special purpose vehicle (SPV). Interest in the SPV were, in turn, sold to investors through an underwriter." (Tradução livre para este estudo: "A primeira operação de securitização, datada de 1985 quando a Sperry Lease Finance Corporation criou valores mobiliários lastreados nos leasings de seus computadores. Leasing, similar a empréstimos, envolve um fluxo de caixa previsível. No caso do Sperry, o fluxo de caixa e originado por pagamentos realizados pelo arrendatário. Sperry vendeu os seus direitos de receber os pagamentos do leasing a uma sociedade de propósito específico (SPE). O interesse da SPE, por sua vez, era vender os valores mobiliários por ela emitidos através de um underwritter"). (Statement of Cameron L. Cowan Partner, Orrick, Herrington, and Sutcliffe, LLP on behalf of the... Op. cit.)

5 "Credit card receivables, auto and home-equity loans make up about 60 percent of all ABS. Manufactured housing loans, student loans and equipment leases comprise most of the other ABS". (Tradução livre para este estudo: "Recebíveis de cartão de crédito, financiamento de veículo e de imóveis perfazem 60% de todos os ABS. Financiamento de imóveis manufaturados, créditos estudantis e leasing de equipamentos perfazem o remanescente"). (Ibidem.)

No final de 2011, a securitização de recebíveis imobiliário nos Estados Unidos superou US$3,2 trilhões[6].

Steven Schwarcz considera a securitização um dos meios mais importantes de financiamento nesse país[7].

Fernando Schwarz Gaggini[8] relata que, na França, as operações envolvendo securitização de recebíveis (*titrisation*) tiveram início na década de 1980 e são utilizadas pelas instituições financeiras para a melhoria da qualidade de sua carteira de crédito. Ainda de acordo com Gaggini, quem adquire os recebíveis para securitizá-los são fundos de investimento denominados *fonds communs de creances*, que posteriormente emitirão títulos representativos dos valores do fundo.

No Brasil, a securitização surgiu ao final dos anos 80 do século XX, com foco nas operações envolvendo securitização de recebíveis imobiliários.

Uma das principais e pioneiras operações de securitização no Brasil foi a operação da *Mesbla*, realizada em 1992, mediante a constituição da sociedade de propósito específico (SPE) denominada "*Mesbla Trust*", a qual adquiriu os recebí-

---

6 Disponível em: <http://www.uqbar.com.br/institucional/emque/securitizacao.jsp>. Acesso em: 14 abr. 2012.

7 Schwarcz, Steven L. The Alchemy of Asset Securitization. The Board of Trustees of the Leland Stanford Junior University Stanford Journal of Law. Stanford Journal of Law, Business & Finance, 1994. p. 2: "Not only is asset securitization the most important financing vehicles in the United States, but its use is rapidly expanding worldwide.". (Tradução livre para este estudo: "Além da securitização ser um dos veículos mais importantes de financiamento nos Estados Unidos, o seu uso tem se espalhado rapidamente no mundo inteiro.".)

8 Gaggini, Fernando Schwarz. Securitização de recebíveis. São Paulo: Livraria e Editora Universitária de Direito, 2003. p. 27.

veis decorrentes das vendas realizadas na *Mesbla* e, por meio da emissão de debêntures, captou recursos de investidores no mercado de capitais brasileiro.

Outras duas operações de securitização pioneiras, realizadas no começo da década de 90 do século XX com empresas brasileiras, foram a da Embratel, que securitizou o fluxo futuro de créditos de que ela é titular perante a empresa americana AT&T, e a da Varig, que securitizou seus créditos futuros provenientes das vendas de passagens aéreas feitas no exterior e pagas com cartões de crédito[9].

Uinie Caminha[10] aponta algumas diferenças significantes entre o início do desenvolvimento da securitização no Brasil e o ocorrido nos Estados Unidos, conforme descrito a seguir:

> Diferentemente do que aconteceu nos Estados Unidos, a securitização foi introduzida entre nós por agentes privados e o foco foi diferente: o financiamento de projetos como escolas particulares e centros comerciais foi a principal utilização inicial da operação. As emissões de títulos estavam lastreadas em créditos futuros e não em dívidas já existentes.

9 Disponível em: <http://www.uqbar.com.br/institucional/emque/securitizacao.jsp>. Acesso em: 14 abr. 2012.

10 Caminha, Uinie. *Securitização*. 2. ed. São Paulo: Saraiva, 2007. p. 40.

Em 1997, com a promulgação da Lei nº 9.514, de 20 de novembro desse ano, foi disciplinado, no art. 8º[11], o instituto da securitização de créditos imobiliários.

Entretanto, as operações de securitização no Brasil ganharam força em 2001, com a Resolução nº 2.907, de 29 de novembro daquele ano, do Conselho Monetário Nacional, que autorizou a constituição e o funcionamento de fundos de investimento em direitos creditórios, e com a Instrução da CVM nº 356, de 17 de dezembro do mesmo ano, regulamentando a constituição e o funcionamento de fundos de investimento em direitos creditórios e de fundos de investimento em cotas de fundos de investimento em direitos creditórios, instrução essa revogada em 2022 pela Resolução CVM nº 175. Ressalte-se que o custo de constituição dos fundos de recebíveis é menor do que a securitização realizada por meio de uma SPE/*trust*. Haja vista que, para constituição de uma SPE, precisam ser atendidos todos os requisitos legais preliminares para constituição de uma sociedade, tais como, em

---

11 "Art. 8o A securitização de créditos imobiliários é a operação pela qual tais créditos são expressamente vinculados à emissão de uma série de títulos de crédito, mediante Termo de Securitização de Créditos, lavrado por uma companhia securitizadora, do qual constarão os seguintes elementos:
I - a identificação do devedor e o valor nominal de cada crédito que lastreie a emissão, com a individuação do imóvel a que esteja vinculado e a indicação do Cartório de Registro de Imóveis em que esteja registrado e respectiva matrícula, bem como a indicação do ato pelo qual o crédito foi cedido;
II - a identificação dos títulos emitidos;
III - a constituição de outras garantias de resgate dos títulos da série emitida, se for o caso. Parágrafo único. Será permitida a securitização de créditos oriundos da alienação de unidades em edificação sob regime de incorporação nos moldes da Lei no 4.591, de 16 de dezembro de 1964."

se tratando de uma sociedade anônima de capital fechado, a elaboração e o correspondente registro na junta comercial competente do estatuto social, a subscrição, pelo menos por duas pessoas, de todas as ações em que se divide o capital social fixado no estatuto, a realização, como entrada, de 10%, no mínimo, do preço de emissão das ações subscritas em dinheiro conforme preceitua o artigo 80 da Lei nº 6.404/76 e o depósito, em instituição financeira autorizada pela Comissão de Valores Mobiliários, da parte do capital realizado em dinheiro, além dos custos que serão despendidos para a emissão da oferta pública pela referida SPE. Para constituição de um fundo (incluindo o FIDC), por sua vez, há necessidade da constituição do fundo, mediante o cadastro deste no CNPJ, e seu registro e dos documentos para sua constituição perante a CVM, sendo o registro automaticamente concedido pela CVM por meio do envio de documentos à CVM pelo administrador por meio eletrônicos[12].

2. CONCEITO, PRINCIPAIS ASPECTOS, CARACTERÍSTICAS, VANTAGENS E DESVANTAGENS

Os setores financeiros de empresas, no geral, têm por objetivo a obtenção de financiamentos a baixos custos, bem

12 Arts. 8, §1º da Resolução CVM no 175 e art. 80 da Lei no 6.404/1976.

como o alongamento do prazo destes, a fim de otimizar o custo de capital de terceiro (financiamento).

Os investidores, por sua vez, buscam investir seus recursos em fontes seguras e de qualidade, sempre almejando investimentos que permitam uma relação risco *versus* retorno adequada.

A securitização de recebíveis propicia a aproximação de ambas as partes: a empresa, tomadora de recursos, por viabilizar uma alternativa de financiamento de prazo maior e a custos menores, na medida em que, em regra, o risco de crédito ficará relacionado ao fluxo de recebíveis, objetos da securitização, possibilitando, por consequência, uma avaliação do risco de crédito dos recebíveis cedidos e não da empresa cedente, o que possibilita uma avaliação melhor do que a da própria cedente.

Os direitos de crédito de que a empresa cedente é titular, os quais pretende securitizar, podem obter uma boa avaliação de crédito e, por essa razão, a empresa cedente se financiará a um custo menor, comparado ao custo de financiamento, representado por uma operação de empréstimo perante uma instituição financeira, em que a avaliação de crédito é realizada sobre a empresa cedente.

Faz-se oportuno definir securitização. Trata-se de processo por meio do qual os fluxos financeiros ilíquidos (recebíveis de cartões de crédito, duplicatas, contas a receber) são transformados em títulos líquidos negociáveis no mercado de capitais, propiciando a circulação de riquezas. Conforme já abordado no capítulo introdutório, a Lei nº14.430/22 veio a finalmente conceituar as operações de securitização como sendo a aquisição de direitos creditórios para lastrear a emissão de certificados de recebíveis ou outros títulos e valores mobiliários perante investidores, cujo pagamento é primariamente condicionado ao recebimento de recursos dos direitos creditórios e dos demais bens, direitos e garantias que o lastreiam.

Pelo processo da securitização, a sociedade que possui um ativo a ser securitizado — sociedade originadora dos recebíveis — e que necessita antecipar a receita futura proveniente desse ativo — cede-os a uma sociedade de propósito específico ou a um fundo criado exclusivamente para essa finalidade, sem que tal sociedade tenha em princípio qualquer passivo que não o valor devido à originadora. Nesse caso, essa sociedade de propósito específico emitirá títulos/valores mobiliários, os quais serão garantidos por ativos segregados do patrimônio da empresa originadora, e que serão vendidos para investidores no âmbito do mercado de capitais. Com os recursos desses investidores, despendidos para aquisição de tais valores mobiliários, a sociedade de propósito específico, o fundo ou o *trust* pagará à originadora, como contraprestação da cessão de créditos, sendo o valor recebido por esta deduzido de um desconto em relação ao valor total dos recebíveis objetos da securitização, uma vez que esses recebíveis têm vencimento futuro.

Apresenta-se, a seguir, fluxograma (Figura 1.1) que ilustra com mais clareza e objetividade cada passo que compõe o processo de securitização.

Figura 1.1. – Fluxograma do processo de securitização

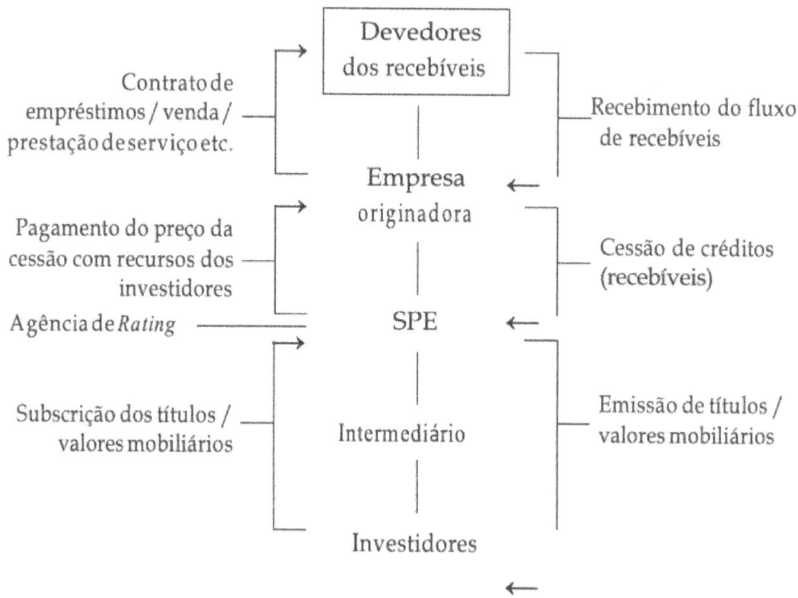

Segundo Gaggini[13], o deságio é *conditio sine qua non* para operacionalização da securitização, uma vez que é desse desconto que os titulares dos valores mobiliários obterão seus rendimentos.

Os rendimentos, portanto, serão pagos aos investidores somente à medida que os recebíveis objetos da securitização

13 Gaggini, Fernando Schwarz. *Securitização de recebíveis*, p. 30.

forem pagos, haja vista que o risco de crédito, em regra, é representado pela inadimplência dos devedores dos recebíveis, motivo pelo qual torna-se interessante e menos arriscado em um processo de securitização dispor de ativos pulverizados. O risco de crédito na securitização leva em conta o índice de inadimplência histórica da carteira de recebíveis da empresa originadora. Esse risco, no entanto, é de fácil avaliação, na medida em que, conhecendo-se tal índice de inadimplência, pode-se promover uma grande diversificação de créditos contra diferentes devedores.

No Brasil, os títulos e valores mobiliários utilizados para emissão e oferta a investidores, por força da securitização, são cotas de fundos, os certificados de recebíveis imobiliários — CRI e os certificados de recebíveis do agronegócio — CRA.

Tanto no FIDC, o qual representa uma espécie de securitização, quanto na securitização mediante a cessão dos ativos a uma sociedade de propósito específico, os investidores que adquirem as cotas do FIDC e/ou os títulos emitidos pela sociedade securitizadora — sociedade de propósito específico — ficam protegidos contra a falência da cedente/originadora dos direitos de crédito, na medida em que a cessão ao fundo e/ou à SPE, conforme o caso, geralmente é realizada sem direito de regresso, ou seja, é uma cessão *true sale*, salvo quando houver qualquer mecanismo de garantia, coobrigação da cedente, e/ou qualquer mecanismo de mitigação de risco de crédito dos direitos creditórios oferecidos pela cedente/originadora dos direitos de crédito, o que seria interpretado como uma venda definitiva. Por conseguinte, os investidores ficam sujeitos apenas ao risco do ativo consubstanciado nos recebíveis cedidos ao fundo ou à sociedade de propósito específico, conforme o caso.

Essa proteção dos investidores no tocante à falência da sociedade originadora dos créditos no processo de securitização é reconhecida no art. 136[14], § 1º, da Lei nº 11.101, de 9 de fevereiro de 2005, instituto que regula a recuperação judicial, a extrajudicial e a falência da sociedade empresária, no que tange à ação revocatória. Referido parágrafo determina que a cessão dos direitos de crédito objeto de uma securitização não será considerada ineficaz, caso a ação revocatória visando revogar os atos praticados com a intenção de prejudicar credores da empresa falida seja considerada procedente.

No tocante à expressão *true sale*, Schwarcz[15] assim a define: "*A sale that is sufficient under bankruptcy law to remove the receivables from the originator's bankruptcy estate*"[16].

Ainda na linha de raciocínio de que a securitização somente se submete ao risco de crédito dos ativos securitizados, salvo quando houver qualquer mecanismo de garantia, coo-

---

14 Art. 136 da Lei no 11.101, de 9 de fevereiro de 2005: "Reconhecida a ineficácia ou julgada procedente a ação revocatória, as partes retornarão ao estado anterior, e o contratante de boa-fé terá direito à restituição dos bens ou valores entregues ao devedor.
§1º Na hipótese de securitização de créditos do devedor, não será declarada a ineficácia ou revogado o ato de cessão em prejuízo dos direitos dos portadores de valores

15 Schwarcz, Steven L. *The alchemy of asset securitization*, p. 2.

16 Tradução livre para este estudo: "Uma venda que é suficiente, de acordo com as leis de falência, para excluir os recebíveis da falência do originador".

brigação da empresa cedente, não se submetendo, portanto, aos riscos de uma empresa operacional, e, por esse motivo, a operação de securitização é mais vantajosa para os investidores, pois haverá menor risco, na medida em que os títulos poderão ter melhor classificação de risco, e para a empresa cedente, na medida em que haverá menor exigência de taxas por parte dos investidores, salienta Cameron L. Cowan[17]:

> *Asset Baked Security – ABS is often designed to carry a higher credit rating than the originating firm would otherwise realize for other types of bonds. Higher credit ratings mean the security is less risky and translates into a lower interest rate for the originator as investor do not demand the same risk premium. The originator passes the saving on to the consumer in the form of lower lending rates.*[18]

O *true sale* é o ponto crucial da securitização, uma vez que, ao se realizar a cessão dos recebíveis securitizados sem

---

17 Cowan, Cameron L. *On behalf of the American Securitization Forum*. Hearing on Protecting Homeowners: Preventing Abusive Lending While Preserving Access to Credit. Disponível em: <http://financialservices.house.gov/media/pdf>. Acesso em: 29 mar. 2012.

18 Tradução livre para este estudo: "Asset Baked Security – ABS (valor mobiliário emitido pela securitizadora aos investidores) é comumente designada a ter uma avaliação maior de *rating* do que a empresa originadora teria se emitisse outros tipos de títulos. *Rating* altos significam que o valor mobiliário tem um risco menor, o que implica dizer, menores taxas de juros para o originador, considerando que o investidor não demanda o mesmo risco. O originador repassa essa economia ao consumidor na forma de baixas taxas cobradas em um empréstimo.".

coobrigação da empresa originadora, os investidores terão direito legal sobre os recebíveis.

Por outra via, é permitido pactuar a coobrigação da empresa originadora dos créditos objeto da securitização, no momento da celebração da cessão de créditos à sociedade de propósito específico e/ou o direito de retrocessão dos créditos não pagos.

A securitização propicia a desintermediação financeira, uma vez que essa operação é realizada no âmbito do mercado de capitais e sem a interferência da instituição financeira, na qualidade de concedente do crédito. Nesse caso, o papel da instituição financeira fica centrado na estruturação da operação, na qualidade de intermediadora/coordenadora da emissão, usualmente conhecida como *underwriter*.

O objetivo da securitização é obter baixos custos no mercado de capitais, por meio da segregação dos recebíveis dos riscos associados ao originador destes. Ademais, como a sociedade de propósito específico não tem quaisquer passivos e possui grau de risco baixo — apenas aqueles atrelados aos recebíveis —, o custo de captação torna-se, em regra, menor.

Caminha[19] entende que o originador pode diluir os riscos de sua carteira de recebíveis e adiantar receitas a ela referentes, pela emissão de títulos lastreados nessa carteira. Por consequência, ainda segundo essa estudiosa, a função econômica da securitização pode ser resumida em três aspectos:

19 Caminha, Uinie. *Securitização*, p. 38.

mobilização de riquezas, dispersão de riscos e desintermediação do processo de financiamento.

A securitização permite que empresas de médio porte sem facilidade de acesso ao mercado de capitais, por não serem empresas com *investment grade* ou com um *rating* atrativo, obtenham esse acesso. Isso porque, ao reduzir os custos dessas empresas em consequência da captação de recursos, essa operação se torna acessível e atrativa.

Os recebíveis a serem securitizados deverão ter algumas características peculiares, como, por exemplo, serem homogêneos, ou seja, serem formalizados por instrumentos contratuais padrão e/ou contratos de adesão e estarem sujeitos às mesmas leis e/ou normativos, terem um bom histórico de pagamentos, cujos índices de inadimplência sejam baixos; contarem com um sistema padronizado de cobrança dos créditos, a fim de permitir a análise dos riscos e rendimentos que integrarão a carteira de recebíveis, pelos investidores que adquirirão os títulos/valores mobiliários lastreados nesses recebíveis.

Um dos grandes benefícios indiretos contábeis da securitização, de acordo com Schwarcz[20], é o de que a securitização consiste em um meio de captação *off balance*, haja vista que a securitização é contabilmente considerada uma venda de ativos e não um financiamento, e, por conseguinte, o originador dos recebíveis securitizados não contabiliza a

20 Schwarcz, Steven L. *The alchemy of secured credit*, p. 6.

operação como um passivo no seu balanço. Por consequência, essa operação propicia a captação de recursos, sem que haja o aumento do percentual entre o patrimônio e a dívida — *leverage or debt-to-equity ratio* — das demonstrações financeiras do originador.

Assim explica Gaggini[21]:

> Um dos objetivos de uma operação de securitização de recebíveis é permitir que uma empresa, que tenha créditos a receber, possa obter os recursos financeiros de que necessita antecipadamente ao seu vencimento, sem que isso afete seu limite de crédito junto a credores ou prejudique os índices de endividamento de seu balanço.

Todavia, de acordo com o entendimento de Edward Janger[22], o valor correspondente à securitização pode aumentar para o credor ou para o devedor, em consequência do aumento do risco de insolvência do originador dos créditos perante os credores, em decorrência da cessão dos créditos considerados "bons" a uma sociedade de propósito específico ou a um fundo. Porém, ainda segundo Janger, aludida situação

---

21 Gaggini, Fernando Schwarz. *Securitização de recebíveis*, p. 21.

22 Janger, Edward. Muddy rules for securitizations. 7 *Fordham J. Corp.& Fin.* 301 (2002). Disponível em: <http:// works.bepress.com/edward_janger/15/ p.305>. Acesso em: 30 mar. 2012.

não é agravante para aquele credor que tem a prerrogativa de repactuar as taxas de juros com o originador dos créditos ou até mesmo extinguir o crédito, se o credor entender que o aumento do risco de crédito do originador dos créditos aumentará o risco do investimento. Existem, no entanto, credores, como os empregados, que não têm essa prerrogativa. Com relação à autoridade fiscal e a autores de ações judiciais, essas pessoas não podem ajustar a taxa de juros que cobram, já que não escolheram ter um relacionamento com o originador, serem credoras deste.

O argumento exposto no parágrafo anterior é contestado por Schwarcz[23], cuja opinião é a de que o credor do originador dos créditos tem a mesma quantia de ativo antes e depois da securitização, residindo a única diferença no fato de que a securitização apenas substituiu o tipo de ativo, que antes de sua ocorrência era recebíveis e depois passou a ser representado por dinheiro.

Ademais, alguns autores argumentam que a securitização poderia prejudicar os credores do originador dos créditos securitizados, em face da ocorrência de práticas fraudulentas, cometidas pelo originador, no tocante ao dinheiro por ele recebido por conta da cessão dos recebíveis à sociedade de propósito específico e da dissipação do *cash* na empresa originadora durante o período em que os créditos foram ce-

23 Schwarcz, Steven L. *The alchemy of secured credit*, p. 8.

didos, até que o origina dor performe mais serviços e/ou fornecimentos, a fim de que sejam originados mais recebíveis.

Diante do exposto, conclui-se que, em que pesem os argumentos desfavoráveis à securitização, essa apresenta muitos benefícios à empresa originadora dos créditos securitizados, haja vista o benefício financeiro auferido por esta, por ter suas receitas antecipadas e garantidas, mitigando o risco de inadimplência dos créditos cedidos pela empresa originadora, a captação de recursos, em regra, a custos mais competitivos, a não alteração do seu nível de endividamento. Ressaltem-se, ainda, os benefícios aos investidores, os quais integralizarão os valores mobiliários a taxas em geral mais atrativas comparadas às taxas atribuídas considerando o crédito da empresa originadora, e que não correrão o risco de falência da empresa originadora, em face da proteção que lhes foi dada pela lei de falências na operação de securitização[24] e em virtude da realização das cessões de crédito serem normalmente consideradas *true sale*, conforme salientado.

A Lei nº 14.430/22 normatizou o regime fiduciário, que representa uma proteção ao investidor, na medida em que os direitos creditórios, bens e direitos constituídos em garantia em favor do certificado de recebíveis objeto de securitização

---

24 Art. 136 da Lei no 11.101, de 9 de fevereiro de 2005: "Reconhecida a ineficácia ou julgada procedente a ação revocatória, as partes retornarão ao estado anterior, e o contratante de boa-fé terá direito à restituição dos bens ou valores entregues ao devedor.
§1º Na hipótese de securitização de créditos do devedor, não será declarada a ineficácia ou revogado o ato de cessão em prejuízo dos direitos dos portadores de valores mobiliários emitidos pelo securitizador."

não se confundem com o patrimônio comum ou outros patrimônios separados de titularidade da companhia securitizadora, não responderão perante os seus credores e serão destinados única e exclusivamente ao pagamento e remuneração dos investidores dos certificados de recebíveis objeto da securitização, de acordo com o disposto nos artigos 26 e 27 da Lei nº 14.430/22.

3. PARTES ENVOLVIDAS NA SECURITIZAÇÃO

3.1. Sociedade de Propósito Específico (SPE): companhia securitizadora, *trust* e fundo de investimento

A sociedade de propósito específico (SPE) poderá ser constituída na forma de uma sociedade por ações e nesta hipótese será denominada "companhia securitizadora" (art. 18 da Lei nº 14.430/2022) ou de um fundo, mas, em todos os casos, com o único propósito de adquirir os recebíveis da sociedade originadora e emitir os títulos lastreados nos referidos recebíveis.

De acordo com Cowan[25], em algumas securitizações, a sociedade de propósito específico serve unicamente para coletar os recebíveis, os quais são, em uma fase posterior,

25 Cowan, Cameron L. *On behalf of the American Securitization Forum*, p. 5.

transferidos a outra entidade que, por sua vez, emitirá os valores mobiliários.

A sociedade de propósito específico, na forma de sociedade, reveste-se das mesmas características de sociedade por ações (art. 18 da Lei nº 14.430/22). Consoante definição de Amador Paes de Almeida[26], "Sociedade (originária do latim *societas*) comercial é a união de duas ou mais pessoas destinadas à prática de atos de comércio, com finalidade lucrativa".

O objeto da companhia securitizadora, o qual pode, por lei, ser livremente convencionado entre os seus membros, é única e exclusivamente receber o ativo lastro utilizado na securitização e emitir títulos/valores mobiliários lastreados no referido ativo, não desempenhando nenhuma outra atividade. As companhias securitizadoras são criadas sob a forma de sociedade por ações, em decorrência da possibilidade da aludida companhia emitir e negociar os valores mobiliários por ela emitidos em bolsa, bem como ter o registro de emissor de valores mobiliários perante a CVM, requisito exigido pela Comissão de Valores Mobiliários para que uma empresa realize oferta pública de valores mobiliários[27] com exceção de

---

26 Almeida, Amador Paes de. *Manual das sociedades comerciais*. 12. ed. rev. e atual. São Paulo: Saraiva, 1999. p. 9.

27 Art. 4o da Lei no 6.404/1976: "Para os efeitos desta Lei, a companhia é aberta ou fechada conforme os valores mobiliários de sua emissão estejam ou não admitidos à negociação no mercado de valores mobiliários. § 1o Somente os valores mobiliários de emissão de companhia registrada na Comissão de Valores Mobiliários podem ser negociados no mercado de valores mobiliários."; e art. 2o da Resolução CVM no 80, de 29 de março de 2022: "A negociação de valores mobiliários em mercados regulamentados, no Brasil, depende de prévio registro do emissor na CVM: [...]

emissores de notas comerciais e cédula de crédito bancários que podem ser constituídos sob a forma de sociedade limitada[28]. De acordo com o disposto no parágrafo 1º do art. 1º da Resolução do Conselho Monetário Nacional nº 2.686, de 26 de janeiro de 2000, a cessão de créditos oriundos de operações realizadas por instituições financeiras deve necessariamente ser realizada com sociedades anônimas que tenham por objeto exclusivo a aquisição dos referidos créditos, a qual deve captar recursos por meio de emissão de ações, de debêntures não conversíveis para distribuição pública, ou no exterior, por meio da emissão de títulos e valores mobiliários.

A sociedade por ações é regida pelas normas contidas na Lei n. 6.404/1976. No entanto, no tocante às companhias securitizadoras, a CVM pode dispensá-las de aplicar as disposições da Lei nº 6.404, de 15 de dezembro de 1976, desde que tal dispensa não represente prejuízo ao interesse público, à proteção do público investidor e à informação adequada ao mercado de valores mobiliários (art. 19, parágrafo único da Lei 14.330/2022). A sociedade por ações tem seu capital so-

§2º O emissor de valores mobiliários deve estar organizado sob a forma de sociedade anônima, exceto quando esta Instrução dispuser de modo diverso".

28 Art. 37 da Resolução CVM no 80, de 29 de março de 2022: Os emissores que emitam exclusivamente notas comerciais e cédula de crédito bancário – CCB, para distribuição ou negociação pública, podem se organizar sob a forma de sociedade anônima ou sociedade limitada.".
Art. 21 da Lei n. 6.385/1976: "A Comissão de Valores Mobiliários manterá, além do registro de que trata o Art. 19: I – o registro para negociação na bolsa; II – o registro para negociação no mercado de balcão, organizado ou não. §1º – Somente os valores mobiliários emitidos por companhia registrada nos termos deste artigo podem ser negociados na bolsa e no mercado de balcão."

cial dividido em ações, as quais poderão ser ofertadas publicamente, por meio da abertura do capital da empresa em bolsa de valores. Na ocorrência dessa hipótese, a sociedade anônima será denominada "sociedade aberta", ao passo que na sociedade anônima "fechada" não é admitida a emissão pública de valores mobiliários.

No tocante à responsabilidade dos acionistas detentores das ações de uma sociedade anônima, esta é limitada ao valor das ações subscritas e integralizadas, as quais podem ser livremente alienadas/negociadas a terceiros, observando-se sempre eventuais restrições constantes de acordo de acionistas.

Eduardo Salomão Neto[29] adverte que, em geral, a quase totalidade do capital e o controle da sociedade de propósito específico são detidos pelos mesmos controladores da sociedade cedente dos créditos.

Nos países que adotam o sistema anglo-saxão, a figura comumente utilizada nas securitizações é o *trust*, o qual se perfaz pela transferência da propriedade dos bens por uma pessoa, denominada *settlor*, a outra, intitulada *trustee*, a fim de que esta última possa administrá-la, de acordo com as instruções recebidas de um terceiro, o qual atua como beneficiário do negócio. De acordo com o entendimento de Caminha[30], a propriedade dos bens dados em *trust* não é definitiva, mas sim resolúvel, limitada à existência do *trust*, pertencen-

---

29 Salomão Neto, Eduardo. *Direito bancário*. São Paulo: Atlas, 2005. p. 273.

30 Caminha, Uinie. *Securitização*, p. 102.

do à propriedade ao *trustee*; portanto, este goza de atributos da propriedade, como a disposição sobre os bens, limitada à administração da coisa em proveito do beneficiário.

É pertinente salientar que a figura do trust não é reconhecida no direito brasileiro.

Os fundos de investimento, em face da sua importância neste estudo, serão tratados em capítulo próprio (Capítulo 2).

3.2. Agente Fiduciário

O agente fiduciário é responsável por: (i) supervisionar a liquidação dos títulos da carteira dos recebíveis securitizados; (ii) administrar todo o processo da securitização; (iii) representar os investidores, quando se tratar de emissões públicas, que seja instituição financeira ou outra entidade autorizada a funcionar pelo Banco Central do Brasil para atuar em nome e no interesse dos titulares dos certificados de recebíveis (art. 26, inciso III da Lei nº 14.430/2022) pleiteando pelos seus direitos; e (iv) reportar, mediante o envio de relatórios, para os investidores o desempenho da carteira de recebíveis, resultado da auditoria etc.

3.3. Intermediário (*Underwriter*)

Os intermediários (*underwriters*) — em geral bancos de investimentos — servem de intermediários entre o emissor dos valores mobiliários representativos dos ativos securitizados (a sociedade de propósito específico ou o *trust*) e os investidores e são responsáveis pela estruturação da operação de securitização durante toda a fase desta.

Segundo Cowan[31], o *underwriter* consultará o meio de estruturar os *asset-backed securities* (ABS), valores mobiliários americanos representativos dos ativos securitizados e, fundado na percepção das demandas de mercado, recomendará a SPE a emitir diferentes *tranches*, cada qual com a sua característica, a fim de atrair diferentes segmentos de mercado, e, principalmente, assume o risco da compra dos aludidos valores mobiliários e a revenda destes para os investidores.

3.4. Auditoria Jurídica

Como na operação de securitização, os devedores dos recebíveis cedidos às SPEs efetuarão os pagamentos por eles devidos decorrentes dos recebíveis, sendo necessária a análise de crédito, pelas agências de classificação de risco, da solvabilidade dos devedores dos recebíveis, ou seja, é preciso analisar a qualidade dos créditos cedidos do ponto de vista financeiro.

É, ainda, de suma importância que se proceda à análise dos contratos e/ou títulos de crédito que formalizaram o negócio jurídico que deu origem ao recebível objeto da securitização, do ponto de vista jurídico.

Em geral, são, pois, feitas auditorias jurídicas, a fim de que seja analisado se, do ponto de vista jurídico, os docu-

31 Cowan, Cameron L. *On behalf of the American Securitization Forum*, p. 5.

mentos que originaram os recebíveis foram corretamente constituídos, representam créditos válidos, existentes e exequíveis, se são passíveis de serem cedidos, e, que, portanto, não haja uma vedação contratual de cessão dos créditos, e se foram formalizados em boa ordem, em consonância com a legislação em vigor.

3.5. Agências de *Rating*

Os títulos e valores mobiliários são, em geral, classificados por uma agência de *rating* independente, a qual atribui uma classificação de crédito aos referidos valores mobiliários, servindo essa classificação de "guia" aos investidores e constituindo-se em um dos fatores decisivos para a realização ou não do investimento. Essa avaliação costuma ser feita por tal agência periodicamente.

De acordo com os ensinamentos de Gaggini[32]:

> O *rating* é uma atividade de classificação de risco de crédito, por meio da qual uma empresa independente especializa-se em analisar empresas, governos, Fundos, entre outras entidades que ofereçam títulos publicamente, de modo a oferecer uma opinião quanto à segurança e garantia dos títulos e emissores analisados.

32 Gaggini, Fernando Schwarz. *Securitização de recebíveis*, p. 62.

Apesar de a contratação de agência de *rating* não ser obrigatória no Brasil, ressalvado nos fundos de investimento em direitos creditórios, em que é obrigatória a contratação desse tipo de agência, na securitização tal contratação é importante, na medida em que dá segurança ao investidor, no tocante à visão clara do risco de crédito dos ativos lastreados nos títulos a serem por ele adquiridos, abordando a possibilidade de pagamento de juros e principal investidos.

A agência de *rating* contratada é responsável por divulgar o *rating* da empresa securitizadora dos créditos securitizados, enquanto perdurar a operação de securitização.

O *rating* influi diretamente nas taxas de juros exigidas pelos investidores em um título, haja vista que, quanto melhor for o *rating* do emissor/ securitizador, menores serão as taxas de juros, uma vez que o risco será menor, e *vice-versa.*

A sociedade de propósito específico geralmente recebe um *rating* melhor, comparado ao *rating* da sociedade originadora, em razão de aquela não possuir outras relações que possam aumentar seu risco, estando este limitado apenas ao risco dos pagamentos dos recebíveis securitizados.

3.6. Investidores

Os investidores são importantes no processo de securitização, já que eles serão responsáveis por financiar indiretamente o originador dos recebíveis e mobilizar as riquezas, e, por conseguinte, a securitização propiciará a adequação dos títulos/valores mobiliários às necessidades dos investidores.

Segundo Caminha Uinie[33], referido processo de adequação dos títulos às necessidades dos investidores se dá da seguinte maneira: se há mercado para títulos de longo prazo e remuneração prefixada, pode-se lastrear a emissão em determinado tipo de ativo com essas características. Também, de acordo com essa autora, é possível que se transformem certos ativos que têm características diversas a fim de que adquiram o perfil desejado para a operação, mediante a transformação de créditos de curto prazo em créditos de longo prazo, com a substituição desses créditos por outros da mesma natureza, o que se denomina crédito rotativo ou *revolving credits*.

Aplica-se à emissão pública de títulos por sociedade de propósito específico/companhia securitizadora no processo de securitização a Lei nº 6.404/1976, a Lei 14.430/2022, a Lei nº 6.385/1976 e a regulamentação expedida pela Comissão de Valores Mobiliários.

De acordo com a Lei nº 6.385/1976 e com a regulamentação da CVM, deverá haver dois registros para uma emissão pública de valores mobiliários, quais sejam: o registro disciplinado no art. 19[34], denominado registro de emissão, e o registro de emissor de que trata o art. 2º da Resolução CVM nº

---

33 Caminha, Uinie. *Securitização*, p. 111.

34 Art. 19 da Lei no 6.385, de 7 de dezembro de 1976: "Nenhuma emissão pública de valores mobiliários será distribuída no mercado sem prévio registro na Comissão". Art. 4º, §2º, da Lei no 6.404, de 15 de dezembro de 1976: "Nenhuma distribuição pública de valores mobiliários será efetivada no mercado sem o prévio registro na Comissão de Valores Mobiliários".

80/2022[35], intitulado registro do emissor, necessário para que a sociedade tenha seus valores mobiliários admitidos à negociação no mercado de capitais. Em 2009, a CVM, mediante a edição da Instrução CVM nº 480 (revogada pela Resolução CVM nº 80/2022), trouxe uma nova regra quanto ao registro do emissor de valores mobiliários junto à CVM, quais sejam o registro na

categoria "A", o qual autoriza a negociação de quaisquer valores mobiliários do emissor em mercados regulamentados de valores mobiliários, e o registro na categoria "B", que autoriza a negociação de valores mobiliários do emissor em mercados regulamentados de valores mobiliários, exceto as ações, os certificados de ações e os valores mobiliários que confiram ao titular o direito de adquirir as ações e seus certificados, salientando-se que os fundos de investimentos, dentre eles o FIDC, não necessitam do aludido registro[36].

A CVM estabeleceu um registro automático para ofertas públicas de valores mobiliários destinadas exclusivamente a investidores profissionais, situação em que não é requerida a apresentação junto a tal autarquia de documentos publicitários tais como lâmina e prospecto, haja vista o fato de tais investidores, pelo seu porte, já conhecerem o crédito do

35 Art. 2o da Resolução CVM n. 80, de 29 de março de 2022: "A negociação de valores mobiliários em mercados regulamentados, no Brasil, depende de prévio registro do emissor na CVM".

36 Art. 2o, § 3o, da Resolução CVM no 80/2022.

emissor e os riscos envolvidos na oferta.[37] Ainda nessa linha de raciocínio, discorre José Eduardo Carneiro Queiroz[38]

> Ofertas com acesso à informação reduzido alcançam apenas investidores institucionais sofisticados; para um alcance maior em termos de investidores, tem que ser feita a opção pelos registros mais completos e exigentes em termos de disponibilidade de informação. [...] Se considerarmos, por exemplo, os investidores institucionais, é certo que já desenvolveram as especializações necessárias para tomar decisões de investimento com base em sua própria investigação e análise do que está sendo proposto. Dessa forma, procedimentos diferenciados não deveriam trazer qualquer prejuízo a esse tipo de investidor, uma vez que conseguem continuar a tomar suas decisões de forma independente.

---

37 Art. 26. da Resolução CVM n. 169/2022: "O registro da oferta não se sujeita à análise prévia da CVM e a distribuição pode ser realizada automaticamente se cumpridos os requisitos e procedimentos elencados no art. 27 nos casos de oferta pública:
II - destinada:
a) exclusivamente a investidores profissionais;

38 Queiroz, José Eduardo Carneiro. Valor mobiliário, oferta pública e oferta privada: conceitos para o desenvolvimento do mercado de capitais. *Revista de Direito Bancário, do Mercado de Capitais*, São Paulo: Revista dos Tribunais, ano 11, n. 41, p. 126. jul.-set. 2008.

Portanto, há investidores que, pelo seu nível hierárquico, sua posição no mercado, ou mesmo em virtude de sua proximidade com a empresa emissora, já detêm o conhecimento de todas as informações referentes à empresa emissora, e, consequentemente, a exigência de documentos que expõem os fatores de risco da oferta e do emissor pela CVM não se justificaria, dada a inexistência de benefício para esses investidores. Ademais, mesmo que eles não tenham total conhecimento sobre os valores mobiliários ofertados ou sobre a companhia emissora, a CVM concede o registro automático de determinadas ofertas, até mesmo porque esses investidores possuem poder de barganha em face dos emissores dos valores mobiliários e, por esse motivo, conseguem de modo fácil o acesso às informações. No Brasil, atualmente, os principais valores mobiliários emitidos em processo de securitização são as debêntures, os Certificados de Recebíveis Imobiliários (CRIs), os Certificados de Recebíveis do Agronegócio (CRAs), as cotas de fundo de investimento imobiliário e as cotas de fundos de investimento em direitos creditórios; essas últimas serão abordadas no Capítulo 3 deste estudo.

Eduardo Fortuna[39] ensina que as debêntures são títulos emitidos por sociedades anônimas não financeiras de capital aberto, com garantia de seu ativo, com ou sem garantia subsidiária da instituição financeira, que lança os referidos títulos no mercado para obter recursos de médio e longo pra-

39 Fortuna, Eduardo. *Mercado financeiro*: produtos e serviços. 16. ed. Rio de Janeiro: Qualitymark, 2005. p. 310.

zos, destinados, em geral ao financiamento de projetos de investimentos ou alongamento do perfil do passivo. Ainda de acordo com esse autor, as debêntures correspondem a uma forma de financiamento mediante empréstimo a longo prazo.

A emissão de debêntures e as condições são deliberadas em Assembleia Geral Ordinária da companhia emissora[40].

As debêntures são classificadas, no tocante às garantias oferecidas aos investidores, em: (i) debênture com garantia flutuante (em rigor aplicada às debêntures vinculadas a uma securitização, já que a garantia é sobre todo o patrimônio da sociedade de propósito específico); (ii) debênture com garantia real (nos casos de securitização imobiliária); (iii) debêntures subordinadas (estas se aplicam à securitização quando há várias séries compondo uma emissão); (iv) quirografárias; e (vi) flutuantes.

Podem ser classificadas também como (i) simples, as quais rendem juros (renda fixa ou variável), ou (ii) conversíveis (o que significa que o credor pode optar por transformar suas debêntures em ações após determinado prazo da emissão).

Diante do exposto, a respeito da securitização, conclui-se que essa operação é vantajosa pelos motivos expostos sucintamente a seguir, dentre outros: (i) possibilita a captação de recursos em geral a um custo inferior, ao segregar o risco dos ativos securitizados do risco da empresa originadora; (ii) permite a antecipação de créditos vincendos; (iii) diminui o

40 Art. 59, *caput*, da Lei no 6.404/1976.

risco falência da empresa originadora por meio da retirada dos ativos do patrimônio desta; (iv) facilita o acesso da empresa em má situação financeira ao mercado de capitais, por ser, em regra, uma operação *off balance*, fato que permite melhora dos índices financeiros e econômicos da empresa originadora; e (v) obtenção de maior retorno para os investidores, uma vez que não existe a intermediação financeira, e, portanto, não haverá o *spread* bancário.

CAPÍTULO 2
INTRODUÇÃO SOBRE FUNDOS DE INVESTIMENTO

1. HISTÓRIA

Os fundos de investimento tiveram origem na Inglaterra, no século XIX, mediante a criação do instituto jurídico societário denominado *investment trust1.*

Ricardo de Santos Freitas[2], ao abordar os fundos de investimento, informa que estes tiveram como fonte de inspiração a sociedade e se basearam no instituto anglo-saxão do *trust*. O *trust*, por sua vez, surgiu na Inglaterra, no período feudal, sendo posteriormente utilizado em operações de investimento designadas *unit trusts*, cuja estrutura societária ficou conhecida como *investment trust*.

1 Gaggini, Fernando Schwarz. *Fundos de investimento no direito brasileiro*. São Paulo: Livraria e Editora Universitária de Direito. 2001. p. 20. Segundo o autor, os *investment trusts* tinham como característica serem fechados a novas emissões de cotas e resgates, sendo constituídos na forma de condomínios fechados (ibidem, loc. cit.).

2 Freitas, Ricardo de Santos. *Natureza jurídica dos fundos de investimento*. São Paulo: Quartier Latin, 2005. p. 63.

Ainda de acordo com Freitas[3], na Inglaterra, as empresas tornaram-se *joint enterprises*, isto é, empresas nas quais se buscava compartilhar os riscos dos negócios e os retornos financeiros, tal como ocorreu na época da constituição do Banco da Inglaterra, em 1694.

Nos Estados Unidos, as companhias de investimento começaram a surgir em massa a partir do século XX, tendo, de 40 *investment trust* em atividade no país em 1921, atingido a casa dos 126 em 1926 e, em 1929, o número chegou a 760, conforme assinala Freitas em estudo já apontado[4]. Com o advento da crise econômica de 1929 nos Estados Unidos, conhecida como "A grande depressão", os *investment trust* americanos foram fortemente impactados, pois os investimentos que compunham essa estrutura eram altamente alavancados.

Em 1940, naquele país, foi promulgado o *Investment Company Act*, período em que se restabeleceu o mercado de investimentos norte-americano, sendo certo que a aludida norma trouxe a classificação de três estruturas de investimento, quais sejam, (i) *investment company*, cujo emissor investe na negociação ou aquisição de valores mobiliários (*securities*/certificates); (ii) *management companies*, subdivididas em duas modalidades — sociedades de investimento abertas (*open-end-companies*), que oferecem para negociação ações resgatáveis por elas emitidas, e sociedades de investimen-

3 Ibidem, p. 65.

4 Ibidem, p. 71.

to fechadas (*close-end-companies*), que oferecem ações não resgatáveis — e (iii) *unit investment trust*, que emite unidades reembolsáveis (*units*), as quais não dão direito de voto[5].

Já França, Holanda e Bélgica utilizavam-se da forma de sociedade anônima com a finalidade de captar poupança para investimentos.

Freitas[6] discorre sobre o procedimento para a aplicação de recursos de investidores que aderem a um fundo de investimento nos três países citados no parágrafo anterior, conforme transcrito a seguir:

> Os investidores que queriam aderir a um fundo de investimento, concediam a uma instituição profissional designada *gérant* (administrador), poderes de agrupar os recursos e aplicá-los em uma carteira diversificada de valores mobiliários por conta deles, mas em seu próprio nome. Essa carteira é propriedade indivisa dos participantes que confiam sua guarda a uma outra instituição denominada *dépositaire* (custodiante). As cotas representando direito de propriedade indivisa são entregues aos investidores. O custodiante executa as ordens de compra e venda de títulos integrantes da cartei-

5 Disponível em: <http://taft.law.uc.edu/CCL/InvCoAct/sec26.html>. Acesso em: 2 abr. 2012.

6 Freitas, Ricardo de Santos. *Natureza jurídica dos fundos de investimento*, p. 77.

> ra, formalizadas pelo administrador, que, por sua vez, obedece a um *reglement de gestion* (regulamento de gestão). Em alguns casos, o custodiante se obriga a conferir se as ordens que lhe são requisitadas pelo administrador estão em conformidade com o regulamento de gestão aplicável.

No Brasil, inicialmente, os fundos de investimento foram constituídos na forma de sociedade de investimento, criada pelo Decreto-lei nº 7.583, de 25 de maio de 1945, e sociedade em conta de participação, porém, em face das dificuldades enfrentadas para adequar os fundos a essas modalidades organizacionais, os fundos passaram a ser constituídos na forma de condomínio.

A mudança na estrutura de constituição dos fundos deu-se em consequência da publicação da Resolução nº103, de 10 de dezembro de 1968[7], do Conselho Monetário Nacional, a qual vedou às sociedades de crédito, financiamento e às sociedades em conta de participação a constituição, adminis-

7 Resolução CMN no 103: "IV – Vedar às sociedades de crédito, financiamento e às de tipo misto a constituição, administração ou gerência de FUNDOS MÚTUOS DE FINANCIAMENTO, ou FUNDOS DE 'ACCEPTANCE', e, ainda, a partir desta data, a colocação de novas cotas de Fundos que funcionem sob o regime de sociedade em conta de participação, condomínio ou quaisquer outras formas, assim entendido, para os efeitos deste item, 'uma comunhão de recursos destinados à aplicação em operações de crédito, com base em papéis comerciais" (Circular no 72, de 30 de novembro de 1962, da extinta Sumoc).

tração ou gerência de fundos mútuos de financiamento ou fundos de *acceptance*.

Ademais, para se constituir uma sociedade, era obrigatório um capital fixo, além da tributação incidente, que também era alta.

O art. 49 da Lei nº 4.728, de 14 de julho de 1965, estabelece que depende de prévia autorização do Banco Central o funcionamento das sociedades de investimento que tenham por objeto a aplicação de capital em carteira diversificada de títulos ou valores mobiliários ou a administração de fundos em condomínio ou de terceiros, para a referida aplicação.

Em 14 de abril de 1970, foi editada a Resolução nº 145, revogada pela Resolução nº 961, de 12 de setembro de 1984, ambas do Conselho Monetário Nacional, tendo esta última criado o fundo mútuo de investimento, na forma de condomínio, com seus atos constitutivos inscritos no cadastro de contribuintes da Receita Federal, a qual também foi revogada.

Apesar da publicação das Resoluções retrocitadas, foi somente a partir dos anos 90 do século XX, época em que vigorava o Plano Real, com a inflação controlada, que os fundos de investimento ganharam maior força no Brasil.

Segundo adverte Freitas[8], o principal fator que permitiu o sucesso dos fundos de investimento foi a criação dos fundos de *commodities*, além da permissão dada pelo Comunicado conjunto do Banco Central do Brasil e da CVM nº 43, de 11 de

8 FREITAS, Ricardo de Santos. *Natureza jurídica dos fundos de investimento*, p. 83.

março de 1992, para que os investidores estrangeiros pudessem adquirir cotas desses fundos, de acordo com o disposto na Resolução nº 1.289/1987 do Conselho Monetário Nacional, resolução essa revogada pela Resolução nº 4373, de 29 de setembro de 2014.

2. PRINCIPAIS CARACTERÍSTICAS DOS FUNDOS DE INVESTIMENTO BRASILEIROS

Os fundos de investimento foram disciplinados inicialmente pela Lei nº 4.728, de 14 de julho de 1965, em especial nos arts 49 e 50, e, subsequentemente, pela Lei nº 6.385, de 7 de dezembro de 1976. Com essas leis, foram atribuídos poderes para legislar sobre a matéria ao Conselho Monetário Nacional, ao Banco Central e à Comissão de Valores Mobiliários.

O Banco Central do Brasil desempenhava também o papel de agente fiscalizador em relação aos fundos administrados pelas sociedades de investimento, bem como de agente emissor das autorizações de funcionamento. Por força do disposto no primeiro parágrafo desse item, houve a criação concomitante de fundos de investimento pelos três órgãos retromencionados, sendo a constituição de carteira do fundo de investimento o ponto determinante para a atribuição da competência a um órgão em específico. Em 31 de outubro de 2001, a Lei nº 10.303[9], por meio do art. 4º, alterou o art. 2º da

---

9 Art. 40 da Lei n. 10.303/2001: "Os arts. 1º, 2º,3º,4º,5º,6º,7º,8º,9º,10º,11º,12º,13º,14º,15º,16º,17º,18º, 19º, 20º, 21º,22º,23º,24º,25º,26º,27º,28º da Lei no 6.385/1976 passam a

Lei nº 6.385, de 7 de dezembro de 1976, com a finalidade de considerar as cotas de fundos de investimento como valores mobiliários e, portanto, sujeitos à competência exclusiva da CVM.

Algum tempo depois, a CVM publicou a Deliberação nº 461, de 22 de julho de 2003, por meio da qual estabeleceu-se que a CVM passaria a regular e fiscalizar os fundos de investimento financeiros, os fundos de aplicação em cotas de fundos de investimento e os fundos de investimento no exterior, os quais eram regulados pelo Banco Central do Brasil, tendo a CVM recepcionado tais normativos.

Com a Deliberação em comento, ampliou-se o conceito de valores mobiliários atrelados aos fundos de investimento, os quais passaram a abranger as cotas de fundo de investimento e os demais valores mobiliários previstos em lei ou assim definidos pela CVM.

vigorar com a seguinte redação:
- as ações, debêntures e bônus de subscrição;
os cupons, direitos, recibos de subscrição e certificados de desdobramento relativos aos valores mobiliários referidos no inciso II;
os certificados de depósito de valores mobiliários;
– as cédulas de debêntures;
as cotas de fundos de investimento em valores mobiliários ou de clubes de investimento em quaisquer ativos;
as notas comerciais;
os contratos futuros, de opções e outros derivativos, cujos ativos subjacentes sejam valores mobiliários;
outros contratos derivativos, independentemente dos ativos subjacentes; e
quando ofertados publicamente, quaisquer outros títulos ou contratos de investimento coletivo, que gerem direito de participação, de parceria ou de remuneração, inclusive resultante de prestação de serviços, cujos rendimentos advêm do esforço do empreendedor ou de terceiros.'"

Em 18 de agosto de 2004, a CVM editou a instrução CVM nº 409, que dispõe sobre a constituição, a administração, o funcionamento e a divulgação de informações dos fundos de investimento.

De acordo com a aludida instrução, as adaptações às suas regras deveriam ser promovidas pelo administrador e ratificadas pelos cotistas reunidos em assembleia até 31 de março de 2005[10], incluindo os fundos de investimento em renda fixa, os fundos de investimento financeiros e os fundos de aplicação em cotas de fundos de investimento, antes regulados pela Circular Bacen nº 2.616/1995.

Em 17 de dezembro de 2014, foi editada a Instrução CVM nº 555, a qual revogou a Instrução CVM nº 409/2004 a partir de 01 de julho de 2015 e estabeleceu que a aludida instrução se aplicaria a todo e qualquer fundo de investimento registrado junto à CVM, observadas as disposições das normas específicas aplicáveis a estes fundos[11].

Em 2019, com a edição da Lei 13.874/2019 ("Lei da Liberdade Econômica"), foram incluídas disposições acerca do fundo de investimento, o qual foi classificado como "condomínio de natureza especial" e foi trazida a possibi-

---

10 Art. 124 da Instrução CVM nº 409/2004: "Os fundos de investimento que estejam em funcionamento na data de início da vigência desta Instrução e que sejam regulados pela Instrução CVM nº 302, de 05/05/1999, pelas Circulares nº 2.616, de 18 de setembro de 1995, e 2.714, de 28 de agosto de 1996, do Banco Central do Brasil, devem adaptar-se às disposições desta Instrução até 31 de janeiro de 2005".

11 Art. §1º da Instrução CVM 555/2014: "A presente Instrução aplica-se a todo e qualquer fundo de investimento registrado junto à CVM, observadas as disposições das normas específicas aplicáveis a estes fundos".

lidade de limitar no regulamento a responsabilidade: (i) dos cotistas perante o fundo e terceiros ao valor de suas cotas, e (ii) dos prestadores de serviços perante o condomínio e entre si, sem solidariedade entre eles, respondendo perante terceiros por atos praticados pelo fundo apenas na hipótese de dolo ou má-fé.

No bojo da Lei da Liberdade Econômica, a CVM publicou em 2022 a Resolução CVM nº 175 que veio a regular a constituição, o funcionamento e a prestação de serviços ao fundo, revogando a Instrução CVM nº 555.

O art. 4º da Resolução CVM nº 175/2022 define o fundo de investimento como uma comunhão de recursos, constituída na forma de condomínio de natureza especial, destinado à aplicação em ativos financeiros, bens e direitos, de acordo com as regras de sua respectiva categoria.

De acordo com essa definição, os investidores, interessados em investir seus recursos e em obter rentabilidade em tal investimento, aportam recursos no fundo, o qual, em contrapartida, emite as cotas representativas dos direitos dos investidores, cabendo à gestão do referido fundo realizar operações com ativos financeiros e valores mobiliários, sempre em observância à política de exposição discriminada no regulamento do fundo e inerente a sua categoria, a fim de que se obtenha o lucro esperado pelos investidores.

Embora haja diversas categorias de fundo, cada qual com suas peculiaridades, sua composição de investimento e suas regras próprias, há determinadas características contempladas na legislação atinente ao fundo de investimento que são similares e aplicáveis a todas as categorias de fundo, as quais serão destacadas a seguir.

O fundo de investimento possui registro no Cadastro Nacional de Pessoa Jurídica e escrituração contábil própria. O regulamento que rege as normas do fundo não necessita mais ser registrado em cartório, a fim de dar publicidade do mesmo e para que produza efeitos contra terceiros, sendo necessário apenas o registro do regulamento do fundo perante a CVM e sua publicação na página da CVM na rede mundial de computadores e, para o seu regular funcionamento, deverá ser previamente registrado na CVM[12].

A nova regulamentação trouxe o conceito de classe de cotas, sendo permitido em um fundo que dentro de uma determinada categoria existam diferentes classes de cotas, com direitos e obrigações distintos. Entretanto, o administrador deverá criar um patrimônio separado para cada uma das classes, a fim de que as perdas de uma determinada classe

---

12 Art. 1.368-C do Código Civil: "O fundo de investimento é uma comunhão de recursos, constituído sob a forma de condomínio de natureza especial, destinado à aplicação em ativos financeiros, bens e direitos de qualquer natureza."
Art. 1.368-D. "O regulamento do fundo de investimento poderá, observado o disposto na regulamentação a que se refere o §2º do art. 1.368-C desta Lei, estabelecer: (Incluído pela Lei nº 13.874, de 2019)
I - a limitação da responsabilidade de cada investidor ao valor de suas cotas; (Incluído pela Lei nº 13.874, de 2019)
II - a limitação da responsabilidade, bem como parâmetros de sua aferição, dos prestadores de serviços do fundo de investimento, perante o condomínio e entre si, ao cumprimento dos deveres particulares de cada um, sem solidariedade; e (Incluído pela Lei nº 13.874, de 2019)."

não impactem as demais, sendo referidas classes subdivididas em classe aberta e fechada, sendo na primeira admitido o resgate das cotas e na classe fechada não[13].

Quanto à distribuição de cotas, a distribuição de cotas de classe aberta independe de prévio registro na CVM, ao passo que a distribuição de cotas de classe fechada deve observar a regulamentação específica sobre ofertas públicas de distribuição de valores mobiliários[14].

O regulamento do fundo pode ser complementado por anexos que regulamentarão as respectivas classes e deverá dispor, obrigatoriamente, sobre os requisitos elencados no art. 48º, §1º da Resolução CVM nº 175/2022, comum a todas as classes de cotas, dentre os quais se incluem, mas não se limitam, à identificação e qualificação dos prestadores de serviços, e respectiva informação sobre o registro de cada um dos referidos prestadores de serviços perante a CVM, à responsabilidade dos prestadores de serviços, bem como parâ-

---

13 Art. 5º da Resolução CVM nº 175: "O regulamento do fundo de investimento pode prever a existência de diferentes classes de cotas, com direitos e obrigações distintos, devendo o administrador constituir um patrimônio segregado para cada classe de cotas. [...] §2º Cada patrimônio segregado responde somente por obrigações referentes à respectiva classe de cotas [...]§7º Denominam-se:
I -aberta: a classe cujo regulamento admite que as cotas sejam resgatadas; e
II -fechada: a classe cujo regulamento não admite o resgate de cotas."
Art. 8º da Resolução CVM 175/2022: "O funcionamento do fundo depende do seu prévio registro na CVM."
Art. 9ºda Resolução CVM 175/2022 Parágrafo único. "A disponibilização do regulamento na página da CVM na rede mundial de computadores é condição suficiente para garantir a sua publicidade e a oponibilidade de efeitos em relação a terceiros".
Art. 1368-C §3º da Lei 13.874/2019: "O registro dos regulamentos dos fundos de investimentos na Comissão de Valores Mobiliários é condição suficiente para garantir a sua publicidade e a oponibilidade de efeitos em relação a terceiros".

14 Artigos 22 e 24 da Resolução CVM nº 175/2022.

metros de sua mensuração, definição sobre se o fundo conta com classe única de cotas ou diferentes classes de cotas e, caso conte com classes diferentes, indicação das despesas que são comuns às classes e a indicação do prazo de duração do fundo (se determinado ou indeterminado).

Com relação aos anexos ao regulamento que regem cada uma das classes, o §2º do artigo 48 da Resolução CVM nº 175/2022 estabelece que os mesmos devem especificar, dentre os principais tópicos, o público alvo, a responsabilidade dos cotistas, ou seja, se está limitada ao valor por eles subscrito ou se é ilimitada, o regime da classe, se aberta ou fechada, seu prazo, o qual deverá ser compatível com o prazo do fundo, sua categoria (termo trazido pela nova regulamentação que é a classificação do fundo decorrente da sua política de investimento), a política de investimento, os procedimentos aplicáveis à liquidação da classe, podendo prever hipóteses de liquidação antecipada e as taxas de administração e de gestão, que devem corresponder a um valor fixo em moeda nacional, podendo variar de acordo com o valor do patrimônio líquido ou um percentual anual fixo aplicável sobre o patrimônio líquido[15].

Os fundos poderão valer-se dos materiais de divulgação para fomentar os investimentos nestes, desde que as informações deles constantes sejam consistentes com o regulamento e mencionem o mesmo, sejam elaborados em lingua-

15 Artigos 22 e 24 da Resolução CVM nº 175/2022.

gem simples e alertem os investidores acerca dos riscos de investimento[16].

Quando da divulgação de rentabilidade do fundo, deve ser trazida comparação com outro índice compatível com a política de investimento, ressalvadas as classes destinadas a investidores profissionais, devendo ser informadas as datas, períodos, fontes utilizadas e outras informações relevantes consideradas pelos prestadores de serviços essenciais[17].

Em consonância com a caracterização dos fundos *vis-à-vis* a preponderância na composição da sua carteira (80% dos ativos da carteira do fundo de acordo com a norma em vigor), a CVM classificou os fundos de investimento em fundos de renda fixa, fundo de ações, fundo multimercado, fundo cambial, fundo incentivado em infraestrutura e fundo destinado à Garantia de Locação Imobiliária — esses dois últimos não seguem o referido percentual da carteira[18].

Eduardo Montenegro Dotta[19] elenca alguns benefícios proporcionados ao investidor, ao aderir a um fundo de investimento:

> Os investidores são levados a aderir à aludida comunhão de recursos, pois, com a soma

16 Artigo 54 da Resolução CVM nº 175/2022.

17 art.57 e 58 da Resolução CVM nº 175/2022

18 Art. 51, 57, parágrafo único e 58 da Resolução CVM 175/2022.

19 Dotta, Eduardo Montenegro. A responsabilidade dos administradores de fundos de investimento no novo Código Civil. São Paulo: Textonovo, 2005. p. 95.

> destes, fica menos oneroso o processo de contratação de administradores e gestores para o fundo. Por outro lado, a comunhão de recursos tende a proporcionar ganhos que o investidor dificilmente obteria se, isoladamente e por conta própria, resolvesse aplicar sua poupança. Ademais, a formação regular de um fundo de investimento gera, para o respectivo administrador, uma extensa lista de obrigações regulamentares, que atreladas à sua especialização tendem a minorar o risco que o investidor experimentaria caso se dirigisse separadamente aos mercados financeiro e de capitais.

Em conformidade com o normativo da CVM citado há pouco, a natureza jurídica do fundo de investimento é a de um condomínio de natureza especial[20]. Em que pese o referido normativo, havia até 2019 algumas desconformidades entre a norma que regula o fundo de investimento e as disposições relativas ao condomínio trazidas pelo Código Civil[21].

O fundo de investimento deverá possuir demonstrações contábeis segregadas das demonstrações dos prestadores de

---

20 Art. 4º da Resolução CVM 175/2022: "O fundo de investimento é uma comunhão de recursos, constituída sob a forma de condomínio de natureza especial, destinado à aplicação em ativos financeiros, bens e direitos".

21 O condomínio é regido pelos arts. 1.314 e seguintes do Código Civil de 2002. Porém, com a lei da liberdade econômica (Lei nº 13.874/2019), estabeleceu-se que o fundo de investimento não deve se sujeitar as disposições constantes dos arts. 1.314 ao 1.358-A do Código Civil)

serviços essenciais, bem como seguir uma metodologia contábil própria[22], diferente das triviais, as quais deverão ser ratificadas por auditores independentes registrados pela CVM, e o cotista de um fundo não tem plenos direitos compatíveis com a indivisão do condomínio, assim como o condômino de que trata o Código Civil possui, haja vista não ser titular dos ativos subjacentes que compõem o fundo[23], aspectos esses que não se observam nos artigos gerais do Código Civil brasileiro que dispõem sobre condomínio.

Assim entende Gaggini[24]:

> Existem diversos pontos que contrariam a tese do perfeito condomínio, uma vez que, dentre outros, aos cotistas não é facultado influenciar na administração dos bens constitutivos do patrimônio do fundo, não é permitida a livre utilização dos ativos do fundo, não é possível requerer a dissolução da comunhão e não podem obter a divisão dos bens, direitos estes decorrentes da propriedade e previstos aos con-

22 Art. 66 da Resolução CVM 175/2022: "O fundo de investimento e suas classes de cotas devem ter escrituração contábil próprias, devendo as suas contas e demonstrações contábeis ser segregadas entre si, assim como segregadas das demonstrações contábeis dos prestadores de serviço essenciais.".

23 Art. 1.314 do Código Civil: "Cada condômino pode usar da coisa conforme sua destinação, sobre ela exercer todos os direitos compatíveis com a indivisão, reivindicá-la de terceiro, defender a sua posse e alhear a respectiva parte ideal, ou gravá-la".

24 Gaggini, Fernando Schwarz. *Fundos de investimento no direito brasileiro*, p. 47.

dôminos na modalidade de condomínio disciplinada no Código Civil pátrio.

Portanto, não obstante o fundo de investimento caracterizar-se pela propriedade coletiva, para os defensores da teoria que equipara o fundo de investimento a uma propriedade detida em comunhão por uma pluralidade de titulares[25], aspecto semelhante ao condomínio trazido pela legislação civil, notam-se disparidades entre esses dois institutos jurídicos, em especial pelo fato de ter o cotista única e exclusivamente o direito dos rendimentos atribuídos ao fundo e a faculdade de realizar o resgate das cotas, haja vista que ele não possui o direito de disposição das cotas do fundo, relativamente às classes abertas[26], ao passo que o condômino regido pelo Có-

---

25 Freitas aborda diversas teorias da natureza jurídica do fundo de investimento, dentre elas a teoria condominial, mediante a qual seus defensores equiparam a figura dos fundos de investimento à de uma propriedade detida em comunhão (Freitas, Ricardo de Santos. Natureza jurídica dos fundos de investimento, p. 158).

26 Art. 16 da Resolução CVM no 175/2022: A cota de classe aberta não pode ser objeto de cessão ou transferência de titularidade, exceto nos casos de: I – decisão judicial ou arbitral; II – operações de cessão fiduciária; III – execução de garantia; IV – sucessão universal; V – dissolução de sociedade conjugal ou união estável por via judicial ou escritura pública que disponha sobre a partilha de bens; VI – substituição do administrador fiduciário ou portabilidade de planos de previdência; VII – integralização de participações acionárias em companhias ou no capital social de sociedades limitadas; VIII – integralização de cotas de outras classes, passando assim à propriedade da classe cujas cotas foram integralizadas; e IX – resgate ou amortização de cotas em cotas de outras classes, passando assim essas últimas cotas à propriedade do investidor cujas cotas foram resgatadas ou amortizadas."
– transferência de administração ou portabilidade de planos de previdência.
§1º A transferência de titularidade das cotas de fundo fechado fica condicionada à verificação, pelo administrador, do atendimento das formalidades estabelecidas no regulamento e na presente Instrução.

digo Civil é titular de todos os atributos inerentes à propriedade (uso, gozo e disposição) em relação à coisa comum[27].

São pelos motivos ora expostos, atrelados à questão da aproximação do conceito de sociedade trazido pelo Código Civil[28] à definição de fundo de investimento dada pelo normativo da CVM nº 555/2014 (revogada pela Resolução CVM 175/2022), que alguns doutrinadores aduzem ter o fundo de investimento a natureza jurídica de uma sociedade.

Deve-se notar que o *caput* do art. 983 do Código Civil estabelece que a sociedade empresária deve constituir-se segundo um dos tipos regulados nos arts. 1.039 a 1.092 do Código Civil, e o parágrafo único do referido artigo ressalva as disposições concernentes à sociedade em conta de participação e à cooperativa, bem como as constantes de leis especiais que, para o exercício de certas atividades, imponham a constituição da sociedade segundo determinado tipo.

Assim prescreve Freitas[29]:

> No que diz respeito às diversas espécies de fundos de investimento, podemos constatar que

§2º Na hipótese de transferência por meio de negociação em mercado organizado, cabe ao intermediário verificar o atendimento das formalidades estabelecidas no regulamento e na presente Instrução.

27 Art. 1.320 do Código Civil: "A todo tempo será lícito ao condômino exigir a divisão da coisa comum, respondendo o quinhão de cada um pela sua parte nas despesas da divisão".

28 Art. 981 do Código Civil: "Celebram contrato de sociedade as pessoas que reciprocamente se obrigam a contribuir, com bens ou serviços, para o exercício de atividade econômica e a partilha, entre si, dos resultados".

29 Freitas, Ricardo de Santos. *Natureza jurídica dos fundos de investimento*, p. 200.

> seus respectivos regimes jurídicos estão estabelecidos em normas legais emanadas pela CVM, por atribuição de competência conferida pelo Conselho Monetário Nacional, a tanto autorizado por lei, com fundamento em preceito autorizado insculpido na Constituição Federal. Assim, parece-nos correto considerar que o fundo de investimento é tipo econômico dotado de forma organizativa imposta por lei especial.

Os fundos de investimento foram criados por normativos editados pela CVM, a qual, como se verifica a seguir, é dotada de competência normativa atribuída pelo Conselho Monetário Nacional. Os requisitos trazidos no conceito de sociedade trazido pelo Código Civil, que é a de contribuir com bens ou serviços para o exercício de atividade econômica e a consequente partilha dos resultados, são, adicionalmente, observados nos fundos de investimento, na medida em que o cotista contribui, em regra, de forma pecuniária no fundo. O referido fundo, por sua vez, na pessoa de seu gestor, desempenhará atividades econômicas com o intuito de proporcionar rendimentos aos cotistas no que se refere aos recursos por ele aportados no fundo.

Conclui-se, pelos motivos expostos, que os fundos de investimento são uma espécie de sociedade, instituídos por leis especiais, quais sejam, as normas editadas pela CVM.

No que tange à negociação das cotas de fundo, pertinente às cotas de classe aberta, conforme já mencionado, essas não poderão ser objeto de cessão ou transferência, salvo as exceções já abordadas acima. Já no tocante às cotas de classe fechada, essas podem ser transferidas, mediante o cumprimento das formalidades estabelecidas no regulamento, ou por meio de negociação em mercado organizado em que as cotas do fundo sejam admitidas à negociação[30].

No tocante à responsabilidade do cotista, uma grande e benéfica inovação trazida pelo recente normativo da CVM, em linha com a alteração constante do Código Civil, conforme já mencionado acima, foi trazer a possibilidade de limitar a responsabilidade do cotista ao valor por ele subscrito, desde que haja esta previsão no regulamento do fundo. Caso contrário, os cotistas responderão por eventual patrimônio líquido negativo do fundo, sem prejuízo da responsabilidade do prestador de serviço do fundo que tiver agido com dolo ou má-fé.[31]

2.1. Prestadores de Serviços que Compõem o Fundo de Investimento Prestadores de Serviços Essenciais

Foi criada pela Resolução CVM n. 175/2022 a figura dos prestadores de serviços essenciais ao fundo, a saber, o gestor e o administrador, a quem a regra conferiu poderes para con-

30 Art. 17 da Resolução CVM n. 175/2022.

31 Art. 18 da Resolução CVM n. 175/2022.

tratar terceiros em nome do fundo, devendo nesta contratação os prestadores de serviços essenciais figurarem como interveniente anuente[32].

2.1.1. Administrador

Todas as categorias de fundo de investimento requerem a atuação de um administrador, uma vez que o desempenho das atividades do fundo é confiada a um terceiro, por exigência dos normativos editados pela CVM.

Neste sentido, o art. 82 da Resolução CVM nº 175/2022 estabelece que o administrador, observadas as limitações legais e regulatórias, tem poderes para praticar os atos necessários à administração do fundo de investimento, na sua respectiva esfera de atuação.

O administrador somente poderá contratar em nome do fundo os serviços de tesouraria, controle e processamento de ativos (podendo desempenhar esta atividade caso o administrador seja uma instituição financeira ou de pagamento), escrituração das cotas e auditoria independente[33].

No tocante a eventuais outros serviços a serem contratados, tais serviços não poderão ser contratados em nome do fundo, salvo se previsto em regulamento ou deliberado em assembleia de cotistas[34].

---

32 Art. 80 da Resolução CVM 175/2022.

33 Art. 83 da Resolução CVM 175/2022.

34 Art. 83, parágrafo 3 da Resolução CVM 175/2022.

A Resolução CVM nº 21, de 25 de fevereiro de 2021, dispõe sobre o exercício profissional de administração de carteira de valores mobiliários, a qual estabelece que a administração dessa modalidade de carteira poderá ser requerida à CVM na modalidade "administrador fiduciário" ou "gestor de recurso" e somente pode ser exercida por instituição financeira e demais instituições autorizadas a funcionar pelo Banco Central do Brasil, pessoa natural ou jurídica que cumpram determinados requisitos contidos na Resolução CVM 21/2021, ral[35]. Para que tais pessoas se habilitem ao exercício da função de administrador de carteiras de valores mobiliários, é necessário o cumprimento de determinados requisitos mencionados nos arts. 3º e 4º da Resolução da CVM nº 21/2021, bem como a apresentação à CVM de uma série de documentos e declarações indicados nos art. 6º da Resolução mencionada, sendo que a CVM terá um prazo de 60 (sessenta) dias para fazer a análise dos documentos e solicitar eventuais exigências[36], sendo sua omissão considerada o deferimento automático da autorização.

A autorização para o exercício da atividade de administração de carteira de valores mobiliários somente é concedida à pessoa jurídica domiciliada no País que atribua a responsabilidade pela administração dessa modalidade de carteira a um ou mais diretor estatutário autorizado pela CVM a exer-

35 Art. 1 e 3 da Resolução CVM 21/2021.

36 Art. 7 e parágrafo décimo da Resolução CVM 21/2021.

cer a atividade. É o que dispõe o art. 4º da Resolução CVM retro indicada.

Segundo Ricardo Freitas[37], na hipótese de o autorizado a desempenhar atividade de administração de carteira de valores mobiliários ser pessoa física, este poderá administrar carteiras individuais e de terceiros e algumas espécies de fundos de investimento, pois grande parte dos fundos de investimento não permite que a pessoa física exerça essa atividade e, no caso de o autorizado ser pessoa jurídica, poderá administrar carteiras individuais de terceiros e parte significativa das espécies de fundos de investimento.

O administrador dos fundos de investimento é responsável pela atualização e manutenção em perfeita ordem: (i) do registro de cotistas; (ii) do livro de atas das assembleias gerais; (iii) do livro ou lista de presença de cotistas; e (iv) dos pareceres do auditor independente e dos registros contábeis referentes às operações do patrimônio do fundo. Ademais, o administrador dos fundos de investimento se responsabiliza por elaborar e divulgar as informações periódicas e eventuais da classe de cotas, manter atualizada a lista de todos os prestadores de serviços contratados pelo fundo, inclusive os essenciais, bem como as demais informações cadastrais do fundo e suas classes de cotas, manter serviço de atendimento aos cotistas, sendo responsável pelo esclarecimento de dúvi-

---

37 Freitas, Ricardo de Santos. *Natureza jurídica dos fundos de investimento*, p. 96.

das e pelo recebimento de reclamações destes, dentre outras atribuições[38].

Ademais, são obrigações do administrador: (i) a verificação, após a realização das operações pelo gestor, da compatibilidade dos preços praticados com os preços de mercado, bem como informar ao gestor e à CVM sobre indícios materiais de incompatibilidade, criando-se assim um meio de fiscalização sobre as operações realizadas pelo gestor; (ii) verificação, após a realização das operações pelo gestor, da observância da carteira de ativos aos limites de composição, concentração e, se for o caso, de exposição ao risco de capital, devendo informar ao gestor e à CVM sobre eventual desenquadramento, até o final do dia seguinte à data da verificação; e (iii) contratar o custodiante.[39]

No que tange à votação, nem o administrador, nem o gestor, nem qualquer prestador de serviço poderá fazê-lo nas assembleias gerais do fundo e nem os seus sócios, diretores, empregados, partes relacionadas aos prestadores de serviços, aos seus sócios, diretores e empregados, salvo se os únicos cotistas do fundo forem as aludidas pessoas e/ou haja anuência expressa da maioria dos demais cotistas da mesma classe ou subclasse. É defeso aos prestadores de serviço essenciais , no que aplicável, praticar os seguintes atos em nome do fundo, em relação a qualquer classe: (i) receber depósito em con-

38 Art. 104 da Resolução CVM 175/2022.

39 Art. 25 da Resolução CVM 175/2022.

ta corrente; (ii) contrair ou efetuar empréstimos, salvo nas hipóteses permitidas pela norma ou na regra específica da categoria do fundo; (iii) vender cotas a prestação, sem prejuízo da integralização a prazo de cotas subscritas; (iv) garantir rendimento predeterminado aos cotistas; (v) utilizar recursos da classe para pagamento de seguro contra perdas financeiras de cotistas; e (vi) praticar qualquer ato de liberalidade, exceto pelas doações que o fundo estiver autorizado a fazer, nos termos do seu regulamento[40].

Nota-se, portanto, que as atividades desempenhadas pelo administrador são de alta relevância nos fundos de investimento, na medida em que ele exercerá – em nome do fundo – atividades essenciais para o seu regular funcionamento, manutenção e fiscalização das operações praticadas em nome do fundo, destacando-se as praticadas pelo gestor, garantindo uma segurança ao investidor dos fundos.

2.1.2. Gestor

O gestor é responsável pelas atividades relacionadas à gestão da carteira de ativos e, para tanto, terá a autorização dos cotistas para contratar os serviços de: (i) intermediação de operações para a carteira de ativos; (ii) distribuição de cotas; (iii) consultoria de investimento; (iv) classificação de risco; (v) formador de mercado para as classes fechadas e (vi) cogestão de carteira de ativos, observado que o gestor ou o

40 Art. 101 da Resolução CVM 175/2022.

administrador poderão prestar os serviços especificados nos itens (i) e (ii), caso assim sejam capacitados, conforme regulamentação em vigor, e os serviços previstos nos itens (iii) à (vi) somente poderão ser contratados caso previsto no regulamento do fundo ou deliberado em assembleia. Sobre a contratação dos serviços indicados nos itens (iii) à (vi), a CVM se posicionou no sentido de que a contratação de tais serviços é sempre uma faculdade do gestor, mas se houver a previsão de contratação dos mesmos pelo gestor no regulamento, tal contratação passa a ser uma obrigação do gestor[41].

Caso o gestor opte pela contratação de outros prestadores de serviços que não aqueles previstos no parágrafo acima, as despesas de tal contratação não poderão ser feitas em nome do fundo, salvo se houver previsão no regulamento ou aprovação em assembleia, e, caso tal prestador de serviço não seja regulado pela CVM, o gestor terá o dever de fiscalizar as atividades do terceiro contratado[42].

2.1.3. Custodiante

O custodiante é responsável pela custódia e guarda dos ativos que compõem a carteira do fundo e por acatar as ordens do gestor e do administrador do fundo para execução das operações referentes ao fundo[43].

41 Art. 85 da Resolução CVM nº 175/2022 e item 1.12, 41 do Ofício Circular Conjunto nº 1/2023/CVM/SIN/SSE, de 11 de abril de 2023.

42 Art. 85, §4 da Resolução CVM nº 175/2022.

43 Art. 27 do Anexo Normativo I da da Resolução CVM 175/2022.

A regulamentação específica que trata da custódia de valores mobiliários é a constante da Resolução CVM nº 32, de 19 de maio de 2013.

Portanto, além da função de custódia dos ativos que integram o fundo, o custodiante tem a função de realizar a liquidação financeira das operações da respectiva classe firmadas com os aludidos ativos, os quais estão sob sua custódia.

Conforme destaca Freitas[44], não são todos os ativos do fundo de investimento que devem ser custodiados, pois, por exemplo, as ações de uma sociedade anônima de capital fechado detidas por um fundo de investimento em empresas emergentes não são custodiadas.

2.1.4. Distribuidor

O distribuidor é o intermediário contratado pelo gestor, em nome do fundo, para realizar a distribuição das cotas da respectiva classe do fundo.[45]

Ademais, o gestor poderá contratar instituições intermediárias integrantes do sistema de distribuição de valores mobiliários para realizar a distribuição das cotas dos investidores, autorizando-as a realizar a subscrição de cotas do fundo por conta e ordem de seus respectivos clientes.

Os distribuidores que agem por conta e ordem dos investidores são responsáveis pelas funções que originalmente são

---

44 FREITAS, Ricardo de Santos. Natureza jurídica dos fundos de investimento, p.100.

45 Art. 3º, inciso XXI da Resolução CVM 175/2022.

do administrador, tais como, pelo cadastro e identificação dos clientes, verificação do cumprimento, pelos clientes, às leis sobre prevenção à lavagem de dinheiro, ao financiamento do terrorismo, fornecimento de regulamentos, termos de adesão e ciência de riscos, notas de investimento e extratos que sejam encaminhados pelos administradores aos distribuidores, e pela prestação de informação diretamente à CVM sobre os dados cadastrais dos cotistas efetivos.[46]

Portanto, dada a possibilidade legal, nota-se que na prática, é comum a contratação, pelo gestor do fundo de investimento, de mais uma instituição distribuidora de títulos e valores mobiliários.

Por fim, vale ressaltar que o registro do intermediador e distribuidor de valores mobiliários (dentre eles cotas de fundos) ofertados publicamente é regulado pela Resolução CVM nº 161/2022.

2.1.5. Agência de Classificação de Risco (Rating)

A agência de classificação de risco de crédito é pessoa jurídica registrada ou pela CVM que exerce a atividade de classificação de risco de crédito no âmbito do mercado de valores mobiliários.[47]

No tocante a esta agência de classificação, ressalte-se que sua contratação somente é obrigatória pelo gestor, caso

46 Art. 36º da Resolução CVM 175/2022.

47 Art. 3º, inciso II da Resolução CVM 175/2022.

assim seja determinado no regulamento, conforme já previsto acima no item que trata do gestor.

Caso o gestor contrate agência de classificação de risco de crédito, o contrato firmado com este deve conter cláusula obrigando a agência de classificação de risco de crédito a divulgar, imediatamente, em sua página na rede mundial de computadores e comunicar à CVM, ao gestor e ao administrador qualquer alteração da classificação, ou a rescisão do contrato, e, na hipótese da alteração da classificação, o administrador deve, imediatamente, divulgar fato relevante ao mercado[48].

3. POLÍTICA DE BARREIRAS DE INFORMAÇÕES NOS FUNDOS DE INVESTIMENTO

A Resolução do Conselho Monetário Nacional nº 5.108, de 30 de novembro de 2023, estabelece, no art. 4º, que as atividades de administração fiduciária e de gestão de recursos (atividades essas que englobam a administração de recursos de terceiros, da carteira de valores mobiliários) devem ser segregadas das demais atividades das instituições financeiras e demais instituições autorizadas a funcionar pelo Banco Central, que atuem como contraparte em operações de carteiras de terceiros por ela administrados[49].

48 Art. 95 da Resolução CVM 175/2022.

49 Art. 4 da Resolução do Conselho Monetário Nacional no 5.108, de 30/11/2023.

Ainda, de acordo com o artigo 5º da Resolução CMN 5.108/2023, a instituição que desempenhe atividades de administração fiduciária e/ou gestão de recursos, deve designar membro da diretoria, que não tenha qualquer vínculo com as demais atividades desempenhadas pela aludida instituição, para responder civil, criminal e administrativamente por esta atividade[50].

Com a imposição do Conselho Monetário Nacional, de que a pessoa designada para responder pelos atos pertinentes à gestão de recursos de terceiros não tivesse vínculo com qualquer outra atividade desempenhada pela instituição administradora de recursos, estabeleceu-se o *chinese wall*/políticas de barreiras de informações, ou seja, a segregação total da administração de recursos de terceiros, a fim de evitar o conflito de interesses, a simulação de eventuais resultados negativos dos fundos com recursos que não sejam os de terceiros e, sobretudo, para proteger o patrimônio de titularidade dos cotistas.

Ademais, para que haja uma transparente e segura administração dos fundos de investimento, são criadas nas instituições que administram recursos de terceiros rígidas

50 Dotta argumenta que a segregação de recursos de terceiros de outras áreas da instituição administradora visa evitar a obtenção de informação privilegiada por terceiros que possam utilizá-la em proveito próprio ou mesmo de outros, impedindo que os resultados do fundo reflitam as condições mais próximas às de mercado, podendo prejudicar o retorno razoavelmente esperado pelos investidores que já aportaram recursos no fundo e o discernimento daqueles que eventualmente desejem realizar aplicações (Dotta, Eduardo Montenegro. *A responsabilidade dos administradores de fundos de investimento no novo Código Civil*, p. 112).

políticas de *compliance* e de controles internos nas aludidas instituições.

Iran Siqueira Lima[51], ao tratar da questão do *chinese wall* imposto pela Resolução do CMN em comento, salienta:

As empresas coligadas ao administrador e este mesmo não podem manter relações de garantia com as operações do fundo, da mesma forma que aportes de recurso destas empresas para o fundo não são permitidos. Assim, a intenção do normatizador é a de evitar que os fundos sejam utilizados para facilitar as operações de banco e *vice-versa*.

A ideia central é de uma operação fidedigna, sem conflitos de interesse entre patrocinadores e os cotistas do fundo.

Depreende-se do exposto que é de suma importância a segregação dos recursos pertencentes aos cotistas de um fundo de investimento dos demais recursos e atividades das instituições que a administram, a fim de coibir práticas fraudulentas e proteger o patrimônio dos referidos cotistas.

51 Lima, Iran Siqueira et al. (Orgs.). *Fundosde Investimentos*: aspectos operacionais e contábeis São Paulo: Atlas, 2004. p. 40.

CAPÍTULO 3
FUNDOS DE INVESTIMENTO EM DIREITOS CREDITÓRIOS

1. PRINCIPAIS ASPECTOS E CARACTERÍSTICAS

Com o advento dos FIDCs, esperava-se um significativo crescimento das operações de securitização de direitos de creditórios no Brasil, o que seguramente ocorreu. É o que se constata pelo volume de emissões de cotas de FIDCs realizadas nos últimos anos, conforme demonstrado adiante, denotando o crescimento da economia brasileira ao proporcionar a expansão do crédito às empresas que acessam o mercado de capitais, mediante a oferta pública de classes de cotas dos FIDCs.

Vale destacar, no entanto, a importância dos FIDCs, não somente no âmbito quantitativo (volume de emissões), mas também por se tratar de uma estrutura robusta de formação de capital, a qual propicia às empresas o acesso aos investidores mais sofisticados no mercado de capitais e que os seus ativos ilíquidos (direitos creditórios) tornem-se líquidos (valores mobiliários negociáveis no mercado de capitais) nessa espécie de operação de securitização representada pelos FIDCs.

Os itens a seguir abordarão os principais aspectos e características dos fundos de investimento em direitos creditórios.

1.1. Introdução e Conceito

Conforme estudo realizado pela ANBIMA, a robustez regulatória e as estruturas mais flexíveis e abrangentes das carteiras dos FIDCs reforçaram o potencial de complementariedade desse instrumento de financiamento e de investimento em relação às fontes tradicionais de recursos na economia brasileira[1].

Foi nesse contexto que o Conselho Monetário Nacional editou a Resolução n. 2.907, de 29 de novembro de 2001, com o escopo de autorizar a constituição e o funcionamento de fundos de investimento em direitos creditórios, destinados, com preponderância, à aplicação em direitos creditórios, em títulos representativos desses direitos, originários de operações realizadas em diversos segmentos, quais sejam, financeiro, comercial, industrial, imobiliário, de hipotecas, de arrendamento mercantil e de prestação de serviços. A referida Resolução estabeleceu, ainda, que a CVM fosse o órgão responsável por regulamentar e fiscalizar os FIDCs.

Tempos depois, mais precisamente em 17 de dezembro de 2001, a CVM veio regulamentar a constituição e o funcio-

1 Fundos de Investimento em Direitos Creditórios. Associação Brasileira de Entidades de Mercados Financeiros e de Capitais; redatores: Antônio Filgueira, Dalton Boechat. – Rio de Janeiro: Anbima, 2015; p. 12.

namento dos fundos de investimentos em direitos creditórios, mediante a publicação da Instrução CVM nº 356.

No dia 22 de julho de 2003, a CVM publicou a Instrução CVM no 393, alterando a regulamentação dos FIDCs — subsequentemente, em 2006, esta foi novamente alterada pelas Instruções nºs 435, 442, 446; em 2007, pela Instrução no 458; em 2010, pela Instrução no 484; em 2011, pelas Instruções nºs 498 e 510; em 2013, pela Instrução nº 531; e, em 2014 pela Instrução nº 545 e, finalmente, a CVM editou a Resolução CVM nº 175, de 23 de dezembro de 2022 a qual revogou a Instrução CVM no 356 em 02 de outubro de 2023.

O FIDC é uma espécie de operação de securitização de recebíveis decorrentes de ativos financeiros e não financeiros. Esse fundo integra uma comunhão de recursos, organizada na forma de condomínio especial (definição essa já explicada no capítulo que trata de fundos de investimento), que destina grande parte de seu patrimônio — no mínimo 50% do patrimônio líquido — à aplicação em direitos creditórios[2], e, por esse motivo, depende do adimplemento dos devedores de tais direitos creditórios, cujas cotas são adquiridas por investidores em geral, ressalvadas as classes de cotas cuja política de investimento admita a aquisição de direitos creditórios não

2 Art. 44. do Anexo Normativo II da Resolução CVM 175: Em até 180 (cento e oitenta) dias do início de suas atividades, a classe de cotas deve possuir parcela superior a 50% (cinquenta por cento) de seu patrimônio líquido representada por direitos creditórios, sendo que a classe de investimento em cotas, nesse mesmo prazo, deve possuir no mínimo 67% (sessenta e sete por cento) de seu patrimônio líquido representado por cotas de outros FIDC.

padronizados que devem ser de subscrição exclusiva de investidores profissionais, com exceção: (a) da subscrição de cotas subordinadas pelo cedente dos direitos creditórios e suas partes relacionadas; e (b) o devedor do direito creditório seja sociedade em processo de recuperação judicial ou extrajudicial e o investidor subscritor das cotas lastreadas nestes direitos creditórios seja o credor da referida sociedade, desde que a integralização seja realizada em direitos creditórios[3].

No tocante às classes de cotas do FIDC que invistam em outras cotas de FIDC, estas devem aplicar no mínimo 67% do patrimônio líquido do fundo em cotas de outros FIDCs[4].

O remanescente do patrimônio líquido dos FIDCs pode ser aplicado em ativos financeiros de liquidez, a saber: a) títulos públicos federais; b) ativos financeiros de renda fixa de emissão ou coobrigação de instituições financeiras; c) operações compromissadas lastreadas nos ativos referidos nas alíneas "a" e "b"; e d) cotas de classes que invistam exclusivamente nos ativos referidos nas alíneas "a" a "c"[5].

No tocante ao conceito do FIDC indicado há pouco, os investidores aplicam recursos no fundo, o qual, por sua vez, investirá parte preponderante desses recursos em direitos

---

3 Art. 15. do Anexo Normativo II da Resolução CVM 175/2022: As classes de cotas cuja política de investimento admita a aquisição de direitos creditórios não padronizados são de subscrição exclusiva de investidores profissionais, ressalvada a hipótese de subscrição de cotas subordinadas pelo cedente e suas partes relacionadas.

4 Art. 44. do Anexo Normativo II da Resolução CVM 175/2022.

5 Art. 44, § 1º do Anexo Normativo II da Resolução CVM 175/2022.

creditórios. Em troca dos recursos investidos, os investidores recebem cotas representativas de sua participação na carteira de ativos do fundo, as quais serão valorizadas por conta desse investimento.

Saliente-se que os cotistas não são proprietários dos ativos que compõem o patrimônio dos FIDCs, mas sim das cotas, as quais representam uma fração ideal do referido patrimônio, consoante o seguinte entendimento da Anbima: "Por regra, o FIDC também não admite afetação do patrimônio, de forma que cada cota corresponderá a uma fração ideal do patrimônio, não havendo correspondência com nenhum ativo ou grupo de ativos que compõem a carteira"[6].

A constituição das classes do fundo, sejam abertas, sejam fechadas, é feita por meio de cessão de créditos, pela empresa/ instituição originadora desses ao fundo, em geral, realizada sem a coobrigação da empresa cedente. Os originadores dos recebíveis cedem ao fundo os créditos que têm a receber, com um desconto pelo adiantamento do pagamento dos referidos créditos — desconto em relação ao valor de face. O rendimento das carteiras do fundo decorre da diferença entre o valor descontado pago antecipadamente às empresas originadoras dos créditos, denominado "preço pela cessão dos créditos", e os juros pagos pelos devedores dos recebíveis nas

6 Fundos de Investimento em Direitos Creditórios. Associação Brasileira de Entidades de Mercados Financeiros e de Capitais; redatores: Antônio Filgueira, Dalton Boechat. – Rio de Janeiro: Anbima, 2015; p. 17.

datas de vencimento dos pagamentos por eles devidos às respectivas empresas originadoras.

A seguir, será exibido um fluxograma ilustrando a estrutura de funcionamento, passo a passo, de uma operação de FIDC (Figura 3.1).

Figura 3.1 – Fluxograma da estrutura de funcionamento de uma operação de FIDC.

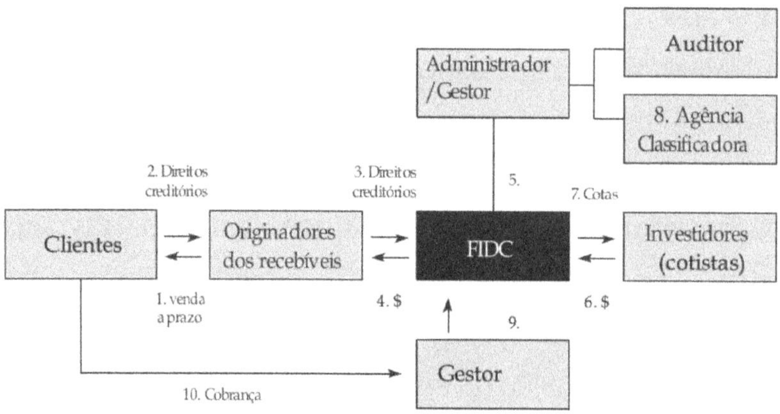

Conforme mostra a Figura apresentada, as principais etapas envolvidas em uma operação de FIDC são:

1. a empresa originadora presta serviços e/ou fornece bens a prazo aos clientes;
2. os clientes pagam pela prestação de serviços e/ou fornecimento de bens, gerando os direitos creditórios de titularidade da empresa originadora;

3. a empresa originadora cede os direitos de crédito de sua titularidade ao fundo, os quais são registrados perante uma entidade registradora autorizada pelo Banco Central do Brasil[7];
4. o fundo paga à empresa originadora pela cessão de créditos realizada;
5. o administrador constitui o FIDC e registra o fundo e a emissão de classes e subclasses de cotas desses perante a CVM e o gestor é responsável pela estruturação do fundo, por executar a política de investimento e por analisar o lastro que formaliza os direitos creditórios cedidos ao fundo;
6. os investidores aportam recursos no fundo;
7. o fundo emite cotas em favor dos investidores;
8. a agência de classificação de risco ("agência de *rating*"), se contratada, atribui classificação de risco para as cotas das classes do FIDC;
9. o gestor adquire, por intermédio do FIDC, os direitos creditórios que atendam aos critérios de elegibilidade estabelecidos no regulamento do fundo, sendo essa

7 Art. 30. do Anexo Normativo II da Resolução CVM 175/2022: "Em acréscimo aos serviços previstos no art. 83 da parte geral da Resolução, o administrador deve contratar, em nome do fundo, os seguintes serviços: I – registro de direitos creditórios em entidade registradora autorizada pelo Banco Central do Brasil, observado que a entidade registradora não pode ser parte relacionada ao gestor ou da consultoria especializada... [...]".

avaliação realizada pelo gestor do fundo e as condições da cessão[8]; e

10. os pagamentos realizados pelos devedores dos direitos creditórios são creditados em conta-vinculada de titularidade do fundo mantida perante instituição financeira ou de pagamento, e serão mantidos em custódia para liberação, caso satisfeitos determinados requisitos a serem atestados pelo administrador, entidade registradora ou custodiante, conforme o caso[9].

De acordo com o estudo realizado pela Anbima, a remuneração dos cotistas seniores, com base no *benchmark* do fundo, poderá ser complementada pelas cotas subordinadas, e até o limite destas, sendo proibida por legislação a promessa aos condôminos de rendimento predeterminado[10]. Os FIDCs surgiram no Brasil como meio de investimento, bem como para viabilizar as operações de securitização de recebíveis e, além das finalidades avençadas há pouco, os FIDCs são uti-

---

8 Art. 33. Do Anexo Normativo II à Resolução CVM 175/2022: "Em acréscimo às demais obrigações previstas na parte geral da Resolução e neste Anexo Normativo II, o gestor é responsável pelas seguintes atividades:
a) verificar o enquadramento dos direitos creditórios à política de investimento, compreendendo, no mínimo, a validação dos direitos creditórios quanto aos critérios de elegibilidade e a observância aos requisitos de composição e diversificação, de forma individualizada ou por amostragem, utilizando modelo estatístico consistente e passível de verificação;"

9 Art. 2º, item VII do Anexo Normativo II à Resolução CVM nº 175/2022.

10 Fundos de Investimento em Direitos Creditórios. Associação Brasileira de Entidades de Mercados Financeiros e de Capitais; redatores: Antônio Filgueira, Dalton Boechat. – Rio de Janeiro: Anbima, 2015; p. 17.

lizados frequentemente como forma de captação pelas empresas originadoras dos créditos, que pretendem alongar sua dívida ou utilizar os recursos correspondentes ao preço da cessão dos recebíveis para capital de giro, haja vista as vantagens econômicas e tributárias descritas no item a seguir.

Portanto, além de ser uma alternativa de investimento, os FIDCs foram introduzidos no ordenamento brasileiro com a finalidade de dar mais liquidez ao mercado de crédito.

Os itens a seguir abordam as vantagens e desvantagens trazidas com a realização dessa modalidade de operação de securitização.

1.2. Vantagens e Tributação

Com o advento dos FIDCs, criou-se uma expectativa de que, à medida que fossem sendo constituídos mais FIDCs, ocorresse uma significativa redução do *spread* bancário, uma vez que as margens operacionais das instituições financeiras aumentariam em concomitância ao aumento do número de operações de FIDC.

Os FIDCs trouxeram vantagens tributárias em relação à securitização mediante a constituição de uma sociedade de propósito específico (SPE), na forma de sociedade anônima, uma vez que nas operações de FIDCs é necessária a constituição de um fundo. Referido fundo consiste na comunhão de recursos, na forma de condomínio especial, consoante estabelecido pela regulamentação da CVM e no Código Civil, e não de uma sociedade anônima, e, por conseguinte, nele não incidem tributos como o Programa de Integração Social (PIS), a Contribuição para a Seguridade Social (Cofins) (sendo que estes dois últimos tributos serão substituídos em caráter definitivo pela CBS Contribuição sobre Bens e Serviços, a partir de 01 de janeiro de 2027), o Imposto de Renda de Pessoa Jurídica (IRPJ) e a Contribuição Social sobre o Lucro Líquido (CSSL), tal como incidiria em uma sociedade anônima.

De acordo com o artigo 24 da Lei nº 14.754, de 12 de dezembro de 2023, que dispõe sobre a tributação de aplicações em fundos de investimentos no país e renda auferida por pessoas físicas residentes no país em aplicações financeiras, entidades controladas e *trusts* no exterior, os rendimentos nas aplicações nos fundos de que trata o artigo 18 da referida lei (dentre eles o FIDC) ficarão sujeitos à retenção na fonte do IRRF à alíquota de quinze por cento, na data de distribuição de rendimentos, amortização, resgate de cotas, não se sujeitando à tributação periódica, ou seja, ao regime de "come-cotas" — no último dia útil dos meses de maio e novembro. No entanto, para enquadramento neste regime de tributação, os fundos enquadrados neste regime de tributação devem ser enquadrados como "entidades de investimento"[11], ou seja, aqueles fundos que tiverem estrutura de gestão profissional, no nível do fundo ou de seus cotistas, quando organizados como fundos de investimento no país ou como fundos ou veí-

11 O artigo 2º, § 1º e § 2º da Resolução CMN nº 5.111, de 21.12.2023 regulamentou a definição de entidades de investimento , bem assim daquilo que não é classificado como entidade de investimento.

culos de investimento no exterior, representada por agentes ou prestadores de serviços com poderes para tomar decisões de investimento e desinvestimento de forma discricionária.[12] Todavia, existem alguns FIDSs estruturados pela própria cedente que não possuem esta estrutura de gestão profissional independente, e, portanto, haveria uma discussão quanto ao enquadramento destes FIDCs neste novo regime de tributação.

Em contrapartida, os rendimentos das aplicações nos FIDCs que não forem classificados como entidades de investimentos ficarão sujeitos à retenção na fonte do IRRF à alíquota de 15% no último dia útil dos meses de maio e novembro ou na data de distribuição de rendimentos, amortização, resgate ou alienação de cotas, caso tais eventos ocorram antes, de acordo com o disposto no artigo 26 da Lei nº 14.754, de 12 de dezembro de 2023.

No tocante à incidência do IOF, dependendo da natureza jurídica dos direitos de crédito cedidos ao FIDC, poderá haver a incidência do IOF, quando, por exemplo, os direitos de crédito cedidos ao fundo forem representados por títulos e valores mobiliários. Nesse caso, haverá a incidência da alíquota de 1% ao dia sobre o valor da cessão dos títulos ou valores mobiliários ao fundo, limitada ao rendimento da operação, em função do prazo, conforme Decreto n. 6.306, de 14

---

12 artigo 23 da Lei nº 14.754, de 2023.

de dezembro de 2007[13]. Desta forma, os resgates ocorridos em prazo inferior a 30 (trinta) dias da data de aplicação na classe de cotas também podem sofrer a tributação pelo IOF/títulos valores mobiliários, conforme tabela decrescente em função do prazo, constante do anexo ao Decreto nº 6.306, de 14 de dezembro de 2007. A partir do trigésimo dia de aplicação, não há incidência de IOF/títulos valores mobiliários.

O Decreto nº 12.499, de 11 de junho de 2025, artigo 32-D, determinou a cobrança do IOF à alíquota de 0,38% sobre o valor de aquisição primária das cotas de FIDCs, com exceção das subscrições das cotas realizadas no mercado secundário. Conforme Gaggini[14], diante das dificuldades de ordem tributária encontradas pelas operações de securitização no Brasil, que chegaram até mesmo a inviabilizá-las, buscou-se, com a cria-

---

13 Art. 63 da Lei no 5.172, de 25 de outubro de 1966: "O imposto, de competência da União, sobre operações de crédito, câmbio e seguro, e sobre operações relativas a títulos e valores mobiliários tem como fato gerador:
[...]
IV – quanto às operações relativas a títulos e valores mobiliários, a emissão, transmissão, pagamento ou resgate destes, na forma da lei aplicável.
Art. 25. do Decreto no 6.306, de 14 de dezembro de 2007: "O fato gerador do IOF é a aquisição, cessão, resgate, repactuação ou pagamento para liquidação de títulos e valores mobiliários."
Art. 32 do Decreto no 6.306, de 14 de dezembro de 2007: O IOF será cobrado à alíquota de um por cento ao dia sobre o valor do resgate, cessão ou repactuação, limitado ao rendimento da operação, em função do prazo, conforme tabela constante do Anexo.
§ 1° O disposto neste artigo aplica-se:
I - às operações realizadas no mercado de renda fixa;
II - ao resgate de cotas de fundos de investimento e de clubes de investimento, ressalvado o disposto no inciso IV do § 2o.

14 Gaggini, Fernando Schwarz. Securitização de recebíveis, p. 86.

ção dos FIDCs, uma forma de contornar esses obstáculos e permitir o desenvolvimento do mercado de recebíveis.

Outro aspecto positivo no que tange ao FIDC refere-se ao fato de tal operação ser considerada um instrumento mitigador de risco. Isso implica dizer que o investidor, ao adquirir cotas dessa espécie de fundo, estará, em rigor, correndo o risco de crédito dos devedores dos recebíveis que compõem a carteira do fundo e não da sociedade que os cedeu ao fundo, ressalvadas as hipóteses em que há qualquer mecanismo de retenção de risco[15] da empresa originadora dos recebíveis na cessão dos recebíveis ao fundo ou de terceiros, não somente a obrigação da empresa pelo pagamento dos direitos de crédito inadimplentes, mas também qualquer outro meio de retenção do risco pela empresa originadora ou por terceiros por outras formas, a título de exemplo, mediante a substituição de contratos inadimplentes, ou nos casos de recebíveis a performar.

Em outros termos, nos casos em que os serviços e/ou os bens são entregues em data futura pela empresa originadora dos créditos, haja vista ainda subsistir a obrigação de a empresa originadora prestar os serviços, para então receber a contraprestação financeira. Isso porque, nestas últimas hipóteses, leva-se em consideração o crédito da empresa originadora dos créditos.

15 Art. 2, inciso XXI do Anexo Normativo II da Resolução CVM 175/2022: "XXI - retenção de risco: qualquer obrigação contratual ou mecanismo existente no âmbito da operação de securitização, por meio do qual o cedente ou terceiro retenha, total ou parcialmente, o risco de crédito decorrente da exposição à variação do fluxo de caixa dos direitos creditórios da carteira";

Ressalte-se que poderão ser constituídas garantias em favor do investidor, as quais têm por objetivo reduzir as chances de que eventuais perdas ocorridas em face do não pagamento dos recebíveis tenham impacto nas obrigações assumidas pelo fundo perante os investidores.

Destacam-se, a seguir, alguns exemplos de garantia: a subordinação de cotas[16] — as cotas de subclasse subordinadas serão tratadas com maior abrangência adiante, em item próprio —, o mecanismo do *spread* excedente, ou seja, quando se traz a valor presente os recebíveis, adiciona-se um *spread* na taxa, denominado pelo mercado como "excesso de *spread*". Com isso, gera-se excesso de rentabilidade, pois se desconta a uma taxa maior do que a necessária para remunerar as cotas seniores. Consideram-se também instrumentos mitigadores de risco a contratação de seguros de crédito e uma avaliação dada por agência de classificação de risco melhor do que a avaliação da própria empresa originadora dos recebíveis. Isso em face do risco de crédito das devedoras dos direitos de crédito ser normalmente inferior ao risco de crédito da empresa originadora, para os casos de recebíveis performados — o fornecimento objeto do contrato já foi realizado e, por conseguinte, foi gerado um direito líquido e certo de recebimento

16 Art. 2º, incisos IX e X do Anexo Normativo II da Resolução CVM nº 175/2022: IX - cota de subclasse subordinada mezanino ("cota subordinada mezanino"): cota de emissão de subclasse que, simultaneamente, se subordina a outra(s) subclasse(s) para fins de amortização e resgate e possui outra(s) subclasse(s) como subordinada(s) para os mesmos fins; X – cota de subclasse subordinada ("cota subordinada"): cota de emissão de subclasse que se subordina a todas as demais subclasses para fins de amortização e resgate;

—, ou quando há recebíveis pulverizados, ou seja, existência de muitos sacados, o que enseja a diminuição do impacto de uma inadimplência no investidor. Santana[17] apresenta, dentre outros, dois mecanismos considerados como reforço de crédito, quais sejam, a constituição do fundo de reserva composto por recursos oriundos dos pagamentos dos direitos de crédito e a sobrecolaterização, situação em que o volume dos créditos é maior que o passivo do fundo.

Ressalte-se, por fim, a existência de uma modalidade de garantia de liquidez, denominada "fundo de liquidez", o qual diverge do fundo de reserva, haja vista o fato de que o fundo de liquidez destina-se exclusivamente a suprir o descasamento de datas do pagamento dos recebíveis e do pagamento aos cotistas. Desse modo, os recursos oriundos do fundo de liquidez são utilizados para se evitar o atraso no pagamento aos cotistas.

Ademais, há outro mecanismo de segurança nos FIDCs, consistente no compromisso de recompra dos direitos creditórios assumido pela empresa originadora, em caso de inadimplemento por seus respectivos devedores, e a obrigação de cessão, pela empresa originadora, de novos recebíveis ao fundo. Ressalta-se, no entanto, que esse mecanismo impede que a transferência de risco (cessão *true sale*) se concretize.

17 Santana, Rogério de Araújo. O fundo de investimento em direitos creditórios como alternativa de financiamento: 2001–2005, f. 67.

Por fim, o regulamento do fundo pode estabelecer hipóteses de liquidação antecipada do fundo[18], como não pagamento das amortizações, pedido ou decretação de falência da empresa originadora, não atendimento do percentual exigido de garantia/índices, revisão do *rating* de forma negativa. Essas hipóteses têm por finalidade, conforme estudo realizado pela Anbima, definir alguns gatilhos de segurança[19].

Os FIDCs propiciam a uma empresa com um patamar de risco que não tinha acesso às operações de mercado de capitais a oportunidade de fazê-lo, e a um custo reduzido, haja vista que os ativos (direitos creditórios) integrantes da carteira do fundo em geral possuem um risco de crédito menor do que o da própria empresa originadora dos referidos direitos creditórios. De acordo com Santana, a utilização dos FIDCs permite que a empresa levante recursos de terceiros, sem adquirir novos sócios ou aumentar o seu endividamento, pois consiste, basicamente, na antecipação de receitas a serem geradas na própria atividade[20].

Os FIDCs são, não obstante, uma fonte de captação para bancos de pequeno e médio portes, e, por consequência, pro-

---

18 Art. 20., inciso IX do Anexo Normativo II à Resolução CVM nº 175: "Em acréscimo às matérias dispostas no art. 48 da parte geral da Resolução, o regulamento do FIDC deve dispor sobre:
IX – eventos que ensejam a liquidação antecipada da classe"

19 112 Fundos de Investimento em Direitos Creditórios. Associação Brasileira de Entidades de Mercados Financeiros e de Capitais; redatores: Antônio Filgueira, Dalton Boechat. – Rio de Janeiro: Anbima, 2015; p. 28.

20 Santana, Rogério de Araújo. O fundo de investimento em direitos creditórios como alternativa de financiamento: 2001–2005, f. 38.

picia maior pulverização do crédito. Em contrapartida, os bancos de grande porte, com forte presença no segmento de varejo, compram cotas dos fundos e atuam na prestação de serviços atrelados aos FIDCs, como os de custódia e a administração da carteira do fundo.

Outra vantagem existente nos FIDCs fechados consiste na possibilidade das suas cotas serem ofertadas (de forma inicial ou subsequentes) mediante o rito de registro automático de distribuição, ou seja, aquele que dispensa a análise prévia pela CVM, desde que tais cotas forem destinadas unicamente a investidores profissionais ou qualificados, ou, se destinadas aos investidores em geral, desde que tenha sido submetida à análise por entidade de autorregulação, propiciando agilidade na conclusão da oferta[21].

Outra grande vantagem trazida pelas empresas ingressantes nas operações de FIDCs é a grande exposição que essas empresas terão perante o mercado em *road shows* – etapa que integra a distribuição da oferta composta por apresentações

21 Art. 26. da Resolução CVM nº 160/2022: "O registro da oferta não se sujeita à análise prévia da CVM e a distribuição pode ser realizada automaticamente se cumpridos os requisitos e procedimentos elencados no art. 27 nos casos de oferta pública:
VI – inicial de distribuição de cotas de fundo de investimento fechado não exclusivo ("inicial de cotas de fundo fechado") destinada exclusivamente a: Inciso VI com redação dada pela Resolução CVM nº 180, de 22 de março de 2023. a) investidores profissionais, observado o disposto no inciso II do art. 86; b) investidores qualificados, observado o disposto no inciso III do art. 86; ou c) inclusive ao público investidor em geral quando o requerimento de registro for previamente analisado por entidade autorreguladora autorizada pela CVM nos termos do convênio ("inicial de fundo fechado destinada ao público investidor em geral com análise via convênio")."

feitas pelos bancos intermediários da oferta e pelos executivos das empresas, a fim de divulgar a empresa e a operação a investidores-alvo – o que pode valorizá-la e torná-la mais conhecida no mercado. O estudo Anbima/Cetip[22] descreve sumariamente as vantagens trazidas pela emissão de cotas de um FIDC em comparação com os demais investimentos existentes no mercado, conforme reprodução a seguir:

"Do ponto de vista do investidor — que necessariamente deve ser qualificado ou profissional (no caso do FIDC-NP) —, o interesse pelo fundo justifica-se pelo fato de este oferecer rentabilidade superior à dos demais investimentos disponíveis no mercado financeiro com nível de risco equivalente combinado com colateralização pelas cotas subordinadas ou outra modalidade de garantia, que mitigam o risco da carteira."

Observa-se que, diante das vantagens trazidas nos FIDCs, essa operação torna-se atrativa tanto para a empresa originadora dos direitos creditórios quanto para os investidores. Isso porque, no primeiro caso, trata-se de um meio de captação de recursos vantajoso sob a ótica financeira, já que em geral, a avaliação do crédito é feita sobre as empresas devedoras desses direitos, as quais em rigor são melhor avaliadas, propiciando, por consequência, taxas de captação mais atrativas; no segundo caso, porque os investidores aplicarão seus

22 Fundos de Investimento em Direitos Creditórios. Associação Brasileira de Entidades de Mercados Financeiros e de Capitais; redatores: Antônio Filgueira, Dalton Boechat. – Rio de Janeiro: Anbima, 2015; p. 12.

recursos em uma operação segura, provida, em regra, de uma gama de garantias e instrumentos mitigadores de crédito.

1.3. Desvantagens

A cessão dos direitos creditórios ao fundo pelas empresas originadoras desses dificulta a renegociação dos títulos que consubstanciam os referidos direitos creditórios entre a empresa originadora e a devedora de tais direitos, na medida em que a titularidade dos recebíveis não é mais da empresa, mas sim do fundo. Alguns fundos, no entanto, adotam práticas de substituição dos aludidos títulos em caso de inadimplência das devedoras destes, e, nessa hipótese, os títulos inadimplidos voltariam à titularidade da empresa cedente, possibilitando a cobrança judicial e/ou extrajudicial por parte desta.

Segundo artigo da *Revista Valor Investe*[23], a possibilidade de troca dos títulos deve ser observada atentamente pelo investidor que pretende adquirir cotas do FIDC. De acordo com a matéria publicada, à primeira vista, essa prática soa como positiva, mas abre um flanco perigoso, já que exige um controle maior e dá margem para que o cedente, por questões ligadas ao seu próprio negócio e não ao foco do FIDC, possa simplesmente interromper o processo de um dia para o outro.

---

23 Anaya, Márcio. Fundos de investimento em direitos creditórios (FIDCs) ampliam retorno e podem ganhar cotistas em meio a turbulência. Revista Valor Investe, ano 6, n. 22, out. 2008. (Crédito Blindado).

O estudo Anbima[24] mostra que, se, por um lado, a troca de lastro pode evitar a ocorrência de inadimplência do fundo, por outro, na hipótese de ser sistemática, pode gerar desconfiança acerca da solvência da carteira, levando à revisão da avaliação de risco das cotas do fundo. Ademais, de acordo com o estudo em questão, a revisão dos Informes mensais e a reformulação da apresentação dos dados divulgados a partir do exercício de agosto de 2011 criaram a obrigatoriedade de listagem destes eventos (pré-pagamento, inadimplência, entre outras) e, por conseguinte tal alteração trouxe transparência ao mercado dos movimentos da carteira dos FIDCs.

Como alternativa, o artigo em comento sugere que os administradores dos FIDCs estruturem os produtos de maneira que seja obrigatório tornar públicos, periodicamente, o volume e as razões dos títulos/direitos creditórios trocados, em face da inadimplência deles, o que ocorreu a partir de agosto de 2011 e com a Instrução CVM nº 531/2013.

Ademais, com a edição da Resolução CVM 175/2022 o gestor passou a ser obrigado a, na ocorrência de substituição dos direitos creditórios integrantes da carteira do fundo, observar e diligenciar para que a relação entre risco e retorno da carteira de direitos creditórios não seja alterada[25] e o

24 Fundos de Investimento em Direitos Creditórios. Associação Brasileira de Entidades de Mercados Financeiros e de Capitais; redatores: Antônio Filgueira, Dalton Boechat. – Rio de Janeiro: Anbima, 2015; p. 29.

25 Art. 33, inciso IV – Anexo Normativo II da Res CVM nº 175/2022 – na hipótese de ocorrer substituição de direitos creditórios, por qualquer motivo, diligenciar para

custodiante manteve-se obrigado a verificar, em periodicidade trimestral ou em prazo compatível com a vigência dos lastros, a validade, existência, titularidade e integridade dos lastros dados em substituição[26].

É pertinente salientar que a situação que gera desconfiança dos investidores no tocante aos lastros concedidos em substituição daqueles inadimplentes foi mitigada pelos normativos supracitados, haja vista que, de acordo com estes, a função de verificação do lastro trimestral a ser desempenhada pelo custodiante. Por essa razão, tal fato evitará que a cedente transfira ao fundo créditos que ela queira se desfazer. Ainda, essa verificação deverá contemplar os direitos creditórios inadimplidos e os substituídos no respectivo trimestre objeto da verificação e não poderá ser feita por amostragem, o que decerto propiciará maior clareza ao investidor no que diz respeito ao cenário dos direitos de créditos que integram a carteira do fundo ao longo de toda sua existência.

Em relação aos investidores que adquirem as cotas do FIDC, esses investidores, em grande parte, são instituições

---

que a relação entre risco e retorno da carteira de direitos creditórios não seja alterada, nos termos da política de investimentos.

26 Art. 38. – Anexo Normativo II da Resolução CVM 175/2022: "Considerando a totalidade do lastro, passível ou não de registro, trimestralmente ou em periodicidade compatível com o prazo médio ponderado dos direitos creditórios da carteira, o que for maior, o custodiante dos direitos creditórios deve verificar a existência, integridade e titularidade do lastro dos direitos creditórios que ingressaram na carteira no período a título de substituição, assim como o lastro dos direitos creditórios vencidos e não pagos no mesmo período."

financeiras, as quais utilizam as FIDCs como veículo de concessão de crédito.

Isso se deve ao fato de que os demais investidores ainda se mostram receosos em realizar esse tipo de investimento, haja vista a complexidade da estrutura dos FIDCs, especialmente na esfera jurídica e na operacional, tais como a necessidade de analisar instrumentos jurídicos mais elaborados que formalizam a operação, dentre os quais estão o contrato de cessão de crédito, com e sem coobrigação, a forma de cobrança dos recebíveis, as formas de gatilhos etc.

A divulgação de informações sobre o fundo, por sua vez, também ainda é restrita, a despeito do esforço da CVM em divulgar — embora de maneira dispersa — lâminas, prospectos, regulamentos dos fundos, demonstrações financeiras, relatórios de riscos etc. No que tange aos documentos que formalizam a operação, estes não são padronizados em decorrência da complexidade da estruturação das operações, as quais são consideradas *tailor-made*, o que dificulta a análise, pelos investidores, da viabilidade nesse tipo de investimento, bem como o acompanhamento dos atos concernentes ao fundo, ao longo de sua existência.

Outro motivo para a escassez de investidores no âmbito dos FIDCs diz respeito ao volume de emissões, o qual ainda é relativamente baixo no que tange aos demais valores mobiliários ofertados no mercado de capitais e, por conseguinte, não justifica as despesas a serem incorridas por um investidor para contratar advogados e especialistas, a fim de que estes analisem os riscos inerentes a determinada operação.

Saliente-se que ainda não há um mercado secundário consistente, o qual assegure liquidez às aplicações realizadas por investidores em fundos fechados.

Diante do exposto, a saída eficaz para atrair novos investidores aos fundos de investimento em direitos creditórios seria investir em fundos de investimento de cotas de FIDCs, já que o trabalho de análise e acompanhamento dos FIDCs ficaria a cargo dos aludidos fundos de investimento. Uma situação que poderia acarretar o aumento do risco de a empresa originadora deixar de honrar seus compromissos financeiros seria na hipótese de todos os créditos de melhor qualidade serem cedidos ao fundo, restando apenas créditos cujos pagamentos não são certos, em consequência do alto risco de crédito da devedora dos recebíveis, por exemplo.

Outro ponto negativo no tocante às operações de FIDC refere-se aos prestadores de serviços inerentes ao fundo, os quais são em número restrito no mercado, o que pode ensejar o não atendimento das demandas existentes e, por consequência, impactar de forma negativa no crescimento da indústria dos FIDCs.

A falta de jurisprudência no que concerne aos FIDCs é outro aspecto que gera insegurança aos investidores, os quais carecem de segurança no que tange à resposta a determinados questionamentos. Podem-se citar como exemplos de possíveis questionamentos: (i) a responsabilidade pela existência de eventuais recebíveis fraudulentos na carteira; (ii) a eficácia da coobrigação/retenção de risco da cedente quando a cessão dos direitos de crédito ao fundo é feita com coobrigação da empresa originadora dos referidos direitos; e (iii) a cessão realizada dentro do período definido como termo legal da falência do cedente, o qual poderá ser determinado pelo juiz em até 90 dias antes dos pedidos de falência ou recuperação judicial, ou do primeiro protesto por falta de pagamento.

Em que pesem as desvantagens atribuídas aos FIDCs, há de se notar que o advento dessa espécie de fundo revolucionou as operações de securitização no Brasil, tanto do ponto de vista regulatório quanto no que concerne às vantagens tributárias na utilização dos FIDCs, conforme salientado. Referidas desvantagens, portanto, terão como ser suprimidas ao longo dos anos, com o surgimento de jurisprudências, da necessidade de os direitos creditórios que integram a carteira do fundo terem que ser registrados perante as entidades registradoras[27], minimizando assim os riscos de fraude e duplicidade de cessão do mesmo lastro, de mais agentes prestadores de serviços ao fundo e de mais investidores interessados em aportar seus recursos mediante a integralização de cotas de FIDCs, mediante a possibilidade de subscrição das

---

27 Art. 30. do Anexo Normativo II da Resolução CVM 175/2022: "Em acréscimo aos serviços previstos no art. 83 da parte geral da Resolução, o administrador deve contratar, em nome do fundo, os seguintes serviços: I – registro de direitos creditórios em entidade registradora autorizada pelo Banco Central do Brasil, observado que a entidade registradora não pode ser parte relacionada ao gestor ou da consultoria especializada";

cotas de FIDCs por quaisquer investidores. Não obstante, a edição da Resolução CVM nº175, de 23 de dezembro de 2022, já demonstra uma nítida preocupação da CVM em garantir a segurança dos investidores ao aportarem seus recursos nas cotas do FIDC, diante da criação de regras que viabilizarão a boa governança dos FIDCs, o que, por consequência, aumentará o número de investidores interessados em aderir ao aludido investimento.

1.4. Cotas e suas Espécies

Cristiano da Cruz Leite, em estudo a respeito do tema, conclui que a fração ideal de risco assumida no investimento em um fundo de recebíveis é a cota, parcela ideal do patrimônio deste. Ainda de acordo com o autor, esse ativo se enquadra no conceito de valor mobiliário[28] que, por sua vez, inspirou-se no conceito de *security* do direito norte-americano[29].

---

28 De acordo com o art. 20 da Lei no 6.385, de 7 de dezembro de 1976, são valores mobiliários: "I – as ações, debêntures e bônus de subscrição;
– os cupons, direitos, recibos de subscrição e certificados de desdobramento relativos aos valores mobiliários referidos no inciso II;
– os certificados de depósito de valores mobiliários; IV – as cédulas de debêntures;
V – as cotas de fundos de investimento em valores mobiliários ou de clubes de investimento em quaisquer ativos;
– as notas comerciais;
– os contratos futuros, de opções e outros derivativos, cujos ativos subjacentes sejam valores mobiliários;
– outros contratos derivativos, independentemente dos ativos subjacentes; e
– quando ofertados publicamente, quaisquer outros títulos ou contratos de investimento coletivo, que gerem direito de participação, de parceria ou de remuneração, inclusive resultante de prestação de serviços, cujos rendimentos advêm do esforço do empreendedor ou de terceiros" (sem grifo no original).

29 Leite, Cristiano da Cruz. O papel do advogado na estruturação de fundo de recebíveis. In: Lima Neto, Lucas de. Securitização de ativos: a era da desintermediação

A Resolução CVM nº 175 criou três espécies de cotas de subclasses: as seniores, mezanino e as subordinadas. Essa distinção é fundada na forma de amortização e resgate das cotas. A distinção conceitual entre essas três espécies de cotas é que a cota de subclasse sênior tem prioridade sobre as demais para efeito de amortização e resgate, a cota de subclasse mezanino se situa num nível intermediário, pois se subordina a uma subclasse para fins de amortização e resgate e possui outra subclasse como subordinada, ao passo que a cota subordinada, como o próprio nome indica, subordina-se às demais subclasses de cotas, para efeito de amortização e resgate[30].

As cotas de subclasses subordinadas poderão ser utilizadas como mecanismo de reforço de crédito, uma vez que elas são geralmente subscritas pela empresa cedente dos créditos, ou seja, esta retém o risco de crédito da carteira do fundo, e, nessa hipótese, tais cotas são utilizadas para cobrir eventuais perdas das cotas de subclasses seniores ou mezanino.

Isso significa dizer que as cotas de subclasse subordinada são consideradas uma proteção aos cotistas das subclasses seniores, haja vista que estes somente serão afetados quando o valor da inadimplência for superior ao valor total das cotas de subclasse subordinadas emitidas pelo fundo.

Ainda no tocante às cotas de subclasse subordinadas, segundo Nelson Eizirik et al., se o cedente dos créditos for

financeira, p. 52.

30 Art. 2º, incisos VIII, IX
e X do Anexo normativo II da Resolução CVM no 175/2022.

instituição financeira ou sociedade de arrendamento mercantil, tanto a instituição cedente como sociedade direta ou indiretamente controladas, coligadas ou sob seu controle comum, somente poderão adquirir cotas do FIDC da espécie subordinada.[31]

Os prazos de amortização ou resgate devem ser estabelecidos no regulamento do fundo, e, no tocante à amortização, esta também poderá ocorrer conforme deliberado pela assembleia de cotistas.[32]

Quanto ao resgate e a amortização de cotas subordinadas e subordinadas mezanino, o resgate e a amortização também se dará conforme o disposto no regulamento, desde que o índice de subordinação não seja comprometido, sendo que as cotas subordinadas também podem ser resgatadas e amortizadas em direitos creditórios.[33]

Entretanto, o resgate e amortização de cotas seniores e subordinadas mezanino só poderão ser resgatadas e amortizadas em direitos creditórios e ativos de liquidez nas seguintes hipóteses: (i) por deliberação da assembleia de cotistas; (ii) por deliberação de cotistas, na hipótese de deliberação pela liquidação da classe; (iii) pelo exercício do direito de dissidência, caso seja deliberado pelos cotistas pela não liquidação da classe, observado que os titulares das cotas subor-

31 Eizirik, Nelson et al. Mercado de capitais – regime jurídico. 3. ed. rev. e atual. Rio de Janeiro: Renovar, 2008. p. 105.

32 Art. 40, inciso I e 43 da Resolução CVM nº 175/2022.

33 Art. 16 e parágrafo único do Anexo Normativo II da Resolução CVM nº 175/2022.

dinadas mezanino e subordinada que sejam dissidentes só podem amortizar e resgatar suas cotas, desde que o índice de subordinação não seja comprometido e; (iv) em caso de liquidação antecipada da classe, desde que seja destinada exclusivamente a investidores qualificados e tal possibilidade esteja prevista no regulamento [34].

Nos FIDCs, as cotas sêniores podem ser emitidas em séries, que são os subconjuntos de cota sênior somente das classes fechadas, podendo tais séries serem diferenciadas exclusivamente pelos prazos, condições de amortização e pelo índice referencial[35].

Especificamente em relação aos FIDCS, tanto as cotas seniores quanto as subordinadas mezanino de classe fechada, podem ser emitidas em séries com índices referenciais diferentes e prazos diferenciados para amortização, permanecendo inalterados os demais direitos e obrigações, sendo, entretanto, vedada a existência de subordinação entre diferentes subclasses de cotas subordinadas, sem prejuízo da possibilidade de o regulamento estabelecer outras diferenciações entre direitos econômicos e políticos para as referidas subclasses.[36]

---

34 Art. 17 do Anexo Normativo II da Resolução CVM nº 175/2022.

35 Art. 2º, inciso XXIII do Anexo Normativo II à da Resolução CVM nº 175/2022.

36 Art. 8º, §1º e §2º e art. 20, inciso VI do Anexo Normativo II da Resolução CVM nº 175/2022.

De acordo com o entendimento de Fagundes[37], a possibilidade de emissão de diversas séries de cotas seniores significa que as administradoras dos FIDCs poderão atingir mais facilmente investidores com diferentes pretensões, medida essa utilizada para estimular o crescimento da indústria de FIDCs.

De fato, a faculdade do FIDC de emitir várias séries de cotas seniores poderá atingir uma gama de investidores muito maior, com diferentes perfis de investimento, diante das diversidades atribuídas a cada série de cotas.

As cotas também podem ser classificadas como "restritas", caso sejam destinadas a investidores qualificados ou investidores profissionais, conforme o caso. Essa qualificação cria uma série de flexibilizações regulatórias para as classes que assim se qualifiquem, como veremos adiante.

Note-se que nos FIDCs não há afetação do patrimônio do fundo a qualquer classe ou série de cotas, mas sim existe a segregação patrimonial entre classes, devendo o administrador do fundo constituir um patrimônio segregado para cada classe de cotas, consoante o artigo 5º da parte geral da Resolução CVM nº 175/2022, ressaltando-se que não há segregação patrimonial entre subclasses nem séries.

Quanto à distribuição de cotas dos FIDCs de classe fechada, caso o número mínimo de cotas da respectiva classe não seja subscrito no prazo de distribuição, os valores até então

37 Fagundes, João Paulo F. A. Os fundos de investimento em direitos creditórios à luz das alterações promovidas pela instrução CVM 393. Revista de Direito Mercantil, Industrial, Econômico e Financeiro, v. 132, p. 100.

integralizados pelos cotistas devem ser restituídos a eles, acrescidos dos rendimentos, líquidos de encargos e tributos.[38]

Quando do ingresso do cotista no FIDC, o administrador e o distribuidor devem disponibilizar a ele o regulamento e a lâmina de informações básicas da oferta, a qual é necessária, por exemplo, nas cotas de classe abertas destinadas ao público em geral, devendo o investidor atestar no termo de ciência de risco que teve acesso a informações sobre os riscos oriundos do investimento na respectiva classe de cotas do FIDC.[39]

Uma novidade trazida em 2022 pela nova regulamentação dos FIDCs foi a possibilidade de suas cotas poderem ser ofertadas ao público em geral — a regulamentação anterior somente permitia que os investidores qualificados pudessem investir nas cotas dos FIDCs.

Entretanto, alguns requisitos precisam ser cumpridos, a saber: (i) o público em geral não pode adquirir cotas subordinadas; (ii) o regulamento deve estipular um cronograma para amortização de cotas ou distribuição de rendimentos; (iii) o prazo entre o pedido de resgate e pagamento não pode ser superior a 180 dias; (iv) a política de investimento não admita aplicação em direitos creditórios futuros, exceto se os cedentes dos direitos creditórios ao FIDC forem concessionárias de serviços públicos, companhias que implementem projetos de investimento na área de infraestrutura ou projetos prioritá-

38 Art. 10 do Anexo Normativo II à Resolução CVM no 175/2022.

39 Art. 11 e 18 do Anexo Normativo II à Resolução CVM no 175/2022.

rios, assim definidos pela legislação específica; (v) a política de investimento não permita aplicação em direitos creditórios originados ou cedidos pelo administrador, gestor, consultoria especializada, custodiante, entidades registradoras dos direitos creditórios e partes a elas relacionadas; e (vi) a subclasse de cotas seniores seja objeto de classificação de risco por agência de classificação de risco registrada na CVM.[40]

As cotas do fundo devem ser escriturais, mantidas em conta de depósito em nome de seus titulares. Essa escrituração é realizada pelo administrador ou instituição contratada para realizar a escrituração de cotas devendo inscrever as cotas no registro de cotistas da classe ou subclasse de cotas, se houver.[41]

No tocante ao valor das cotas de um FIDC, Nelson Eizirik et al. advertem que a avaliação das cotas do FIDC deve ocorrer, no mínimo, mensalmente, conforme metodologia estabelecida no regulamento do fundo, e deve observar, se houver, o valor de mercado dos ativos do FIDC, utilizando critérios passíveis de verificação. Os autores salientam, ainda, que a metodologia deverá considerar aspectos inerentes aos próprios direitos creditórios, como a qualidade de seus devedores e garantidores e as características específicas das operações originadoras[42].

---

40 Art. 13 do Anexo Normativo II à Resolução CVM no 175/2022.

41 Art. 14 e 15 do Anexo Normativo II à Resolução CVM no 175/2022.

42 Eizirik, Nelson et al. Mercado de capitais – regime jurídico. 3. ed. rev. e atual. Rio de Janeiro: Renovar, 2008. p. 104.

Quanto à negociação das cotas de classe fechada do FIDC, estas somente podem ser negociadas em mercados regulamentados quando distribuídas publicamente por meio de oferta pública registrada na CVM, salvo as ofertas iniciais e subsequentes de cotas de fundos de investimento fechados exclusivos, ou seja, aquelas destinadas a um único investidor e subsequentes de cotas de fundos de investimento fechados destinada exclusivamente a cotistas do próprio fundo nos casos de fundos ou classes de cotas com menos de 100 (cem) cotistas na data da oferta e cujas cotas não estejam admitidas à negociação em mercado organizado[43].

Cada classe de cotas destinada à colocação pública poderá ou não ser classificada por agência classificadora de risco em funcionamento no País, exceção às cotas ofertadas ao público em geral, em que deverá haver a classificação do rating, conforme já discorrido acima. Esse assunto será abordado em subitem próprio, que tratará somente das agências de *rating*.

Por fim, no que tange ao rendimento das cotas dos FIDCs, os prestadores de serviços essenciais não podem garantir rendimento predeterminado aos cotistas[44]. Não obstante, grande parte dos FIDCs estabelece uma remuneração indicativa. Santana adverte sobre essa questão:

Os FIDC não podem prometer rendimento para as cotas de sua emissão, sejam elas de classe sênior ou subordinada.

43 Art. 1, § único e 8 da Resolução CVM no 160/2022.

44 Art. 101., inciso IV da Resolução CVM no 175/2022.

Apesar disso, a maior parte dos fundos estabelece uma remuneração de referência, principalmente, para as cotas seniores. Na verdade, essa remuneração indicativa serve para determinar qual parcela do patrimônio do fundo será, preferencialmente, destinada ao pagamento dos cotistas seniores e qual será destinada aos cotistas subordinados [...][45].

Conclui-se que há uma vasta e protetiva regulação para as cotas dos FIDCs aos investidores, especialmente no que concerne à obrigatoriedade de atribuição do *rating* por agência classificadora de risco nas cotas destinadas ao público em geral, facilitando, portanto, a análise, pelo investidor, da qualidade do valor mobiliário ofertado, e a possibilidade de emissão de diversas séries das subclasses das cotas seniores, o que propicia maior número de opções na aplicação de recursos pelos investidores.

1.5. Assembleia de Cotistas

Primeiramente, vale fazer uma distinção entre "assembleia geral de cotistas", ou seja, aquela para a qual são convocados todos os cotistas do fundo e "assembleia especial de cotistas", ou seja, a assembleia para a qual são convocados somente os cotistas de determinada classe ou subclasse de cotas.[46]

---

45 Santana, Rogério de Araújo. O fundo de investimento em direitos creditórios como alternativa de financiamento: 2001–2005, f. 63.

46 Art. 3º, incisos VI e VII da Resolução CVM nº 175/2022.

A assembleia de cotistas tem competência privativa para deliberar sobre as seguintes matérias: (i) as demonstrações contábeis do fundo (competência da assembleia geral de cotistas) e as demonstrações contábeis da classe de cotas será submetida à assembleia especial de cotistas; (ii) a substituição de prestador de serviço essencial; (iii) a emissão de novas cotas, na classe fechada, hipótese em que deve definir se os cotistas possuirão direito de preferência na subscrição das novas cotas, salvo se já houver previsão no descritivo das subclasses permitindo a emissão de novas classes e dispondo sobre o direito ou não de preferência dos cotistas existentes; (iv) a fusão, a incorporação, a cisão, total ou parcial, a transformação ou a liquidação do fundo ou da classe de cotas; (v) a alteração do regulamento, ressalvadas as alterações por força de norma, atualização de dados cadastrais ou reduções de taxas, sendo certo que a matéria que afeta todos os cotistas deverá ser aprovada por meio de assembleia geral de cotistas; (vi) o plano de resolução de patrimônio líquido negativo; e (vii) o pedido de declaração judicial de insolvência da classe de cotas[47].

Para convocação da assembleia de cotistas, essa deve ser encaminhada a cada cotista da classe convocada e disponibilizada nas páginas da internet da rede mundial de computa-

47 Art. 70º da Resolução CVM nº 175/2022.

dores do administrador, gestor e, caso a distribuição de cotas esteja em andamento, dos distribuidores[48].

A convocação deverá ser feita com, no mínimo, 10 dias de antecedência, da qual devem constar dia, hora e local de realização da assembleia e local de acesso dos documentos objeto de proposta de deliberação em assembleia, sem prejuízo da possibilidade de a assembleia ser parcial ou exclusivamente eletrônica[49].

Os prestadores de serviços essenciais, o custodiante, o cotista ou grupo de cotistas que detenha, no mínimo, 5% (cinco por cento) do total de cotas emitidas, podem convocar, a qualquer tempo, assembleia de cotistas para deliberar sobre ordem do dia de interesse do fundo, da classe ou da comunhão de cotistas[50].

O quórum de instalação se perfaz com a presença de qualquer número de cotistas[51]. No que tange ao quórum de deliberação, exige-se a maioria de votos dos condôminos presentes — para os efeitos de cômputo de quórum, na assembleia de cotistas a cada cotista cabe uma quantidade de votos representativa de sua participação no fundo, classe ou subclasse, conforme o caso, com exceção das matérias para

48 Art. 72º da Resolução CVM nº 175/2022.

49 Art. 72º, §5º e §6º da Resolução CVM nº 175/2022.

50 Art. 73º da Resolução CVM nº 175/2022.

51 Art. 74º da Resolução CVM nº 175/2022.

as quais se exige um quórum qualificado (incluindo aquelas previstas no segundo parágrafo deste subitem)[52].

Somente podem votar na assembleia geral os cotistas do fundo, seus representantes legais ou procuradores legalmente constituídos, sendo que o procurador deve possuir mandato com poderes específicos para a representação do cotista em assembleia[53]. São vedados de votar em assembleia os prestadores de serviço, seus diretores e empregados, suas partes relacionadas e o cotista que tenha interesse conflitante com os interesses do fundo[54]. No que concerne à divulgação das decisões da assembleia geral, estas devem ser publicadas aos cotistas da respectiva classe de cotas no prazo máximo de 30 dias de sua realização[55].

No tocante aos FIDCs, caso a matéria deliberada em assembleia resulte em uma redução do índice de subordinação de determinada subclasse de cotas — relação mínima entre o valor de uma subclasse de cotas subordinadas ou subordinada mezanino e o patrimônio líquido da classe — somente podem votar os titulares de cotas seniores e os titulares de cotas mezanino que não se subordinem à subclasse em deliberação e o regulamento pode permitir o voto dos presta-

52 Art. 76º, parágrafo primeiro da Resolução CVM nº 175/2022.

53 Art. 77º, parágrafo segundo da Resolução CVM nº 175/2022.

54 Art. 78º da Resolução CVM nº 175/2022.

55 Art. 79º da Resolução CVM nº 175/2022.

dores de serviços da classe de cotas de que sejam titulares de cotas subordinadas[56].

1.6. Riscos Envolvidos nos Fundos de Investimento em Direitos Creditórios

Em razão da abrangência existente nos FIDCs, a qual enseja flexibilidade e amplitude no rol de possibilidades de estruturação da operação e no número de espécie de direitos creditórios, somado ao fato de essa modalidade de investimento ser recente e complexa, os FIDCs estão sujeitos a diversos tipos de risco. Dentre eles se incluem, mas não se limitam aqueles indicados nos subitens abaixo e os seguintes, (i) risco operacional, relacionado principalmente à cobrança dos recebíveis que integram a carteira do fundo; (ii) risco estrutural, pertinente às entidades contratadas para prestar os serviços ao fundo; (iii) risco legal; e (iv) risco de mercado. Apresenta-se, a seguir, o detalhamento dos principais riscos relacionados especificamente às operações de FIDC:

a) Risco de Crédito — relaciona-se aos devedores dos direitos de crédito cedidos ao fundo, na hipótese de inadimplemento desses devedores nos pagamentos por eles devidos sob os contratos/títulos que formalizam os direitos creditórios, o que pode ensejar perdas pecuniárias ao fundo, e, por consequência, aos cotistas;

56 Art. 28, parágrafo único do Anexo Normativo II à Resolução CVM nº 175/2022.

b) Risco de Liquidez dos Recebíveis – por ser uma modalidade de investimento recente, os FIDCs ainda carecem de mercado secundário para os direitos creditórios, podendo acarretar a iliquidez dos referidos direitos creditórios e prejudicar o pagamento de amortização e/ou resgate aos cotistas, e os cotistas terem de aguardar pelo vencimento dos títulos/contratos que os originaram, na ocorrência de uma eventual liquidação antecipada do fundo;
c) Risco de Liquidez no Mercado Secundário das Cotas — pelos motivos expostos no item anterior, a falta de liquidez decorrente da escassa possibilidade de negociação das cotas no mercado secundário prejudica os investidores que pretendem desfazer-se das cotas antes do prazo de encerramento do fundo, relativamente aos fundos fechados;
d) Risco de Descasamento de Taxas de Juros entre Ativo e Passivo — segundo o estudo Anbima, refere-se ao descasamento entre a taxa de juros usada como referencial de rentabilidade do fundo (geralmente pós-fixada) e as prefixadas nos contratos de compra e venda/fornecimento dos direitos creditórios a serem adquiridos pelo fundo, que pode resultar em perda de rentabilidade durante o período de maturação dos créditos[57];

57 Fundos de Investimento em Direitos Creditórios. Associação Brasileira de Entidades de Mercados Financeiros e de Capitais; redatores: Antônio Filgueira, Dalton Boechat. – Rio de Janeiro: Anbima, 2015; p. 33.

e) Risco de Concentração: diz respeito à concentração das aplicações do fundo em direitos creditórios perante um ou poucos devedores, o que pode vir a gerar um efeito negativo sobre a carteira[58];
f) Risco de *Performance*: pertinente ao descumprimento, pela empresa originadora, das suas obrigações de originar e ceder direitos creditórios ao fundo, a fim de que o percentual de direitos creditórios no fundo, seja atendido, durante todo seu prazo de duração, o que pode ensejar a liquidação antecipada do fundo. Note-se que esse tipo de risco somente deverá ser considerado nos FIDCs a performar, ou seja, aqueles em que o fluxo de recebíveis é um fluxo futuro.

2. COMPOSIÇÃO DA CARTEIRA DOS FIDCS E LIMITES DE CONCENTRAÇÃO POR DEVEDOR

A nova regulamentação de fundos publicada em 2022 definiu que são direitos creditórios os direitos e títulos representativos de crédito, os valores mobiliários representativos de crédito e os certificados de recebíveis e outros valores mobiliários representativos de operações de securitização, que não sejam lastreados em direitos creditórios não padronizados.[59] No entanto, na prática, os direitos creditórios e

58 Ibidem, loc. cit.

59 Art. 2º, inciso XII do Anexo Normativo II da Resolução CVM nº175/2022.

títulos representativos de crédito em que os FIDCs aplicam seus recursos são aqueles originários de operações realizadas no segmento financeiro, comercial, industrial imobiliário, de hipotecas, de arrendamento mercantil e de prestação de serviços.

A política de investimento constante do regulamento deve conter as seguintes informações: (ii) segmentos econômicos em que são originados e natureza dos direitos creditórios; (ii) processos de originação dos direitos creditórios e das políticas de concessão dos correspondentes créditos; e (iii) critérios de elegibilidade dos direitos creditórios e, se for o caso, condições de cessão (iv) requisitos de composição e diversificação da carteira de ativos; (v) limites para aplicação em direitos creditórios originados ou cedidos pelo administrador, gestor, consultoria especializada e suas partes relacionadas e em operações de derivativos que tenham como contraparte o gestor ou suas partes relacionadas; (vi) hipótese de revolvência de direitos creditórios, geralmente quando os mesmos têm curto prazo e o fundo adquirirá mais direitos creditórios (e.g. recebíveis de cartão de crédito); e (vii) regras, procedimentos e limites para realização de cessão de créditos para o cedente e suas partes relacionadas[60].

A carteira dos FIDCs deve abranger, no mínimo, 50% de seu patrimônio líquido em direitos creditórios, em até 180 dias, contados da data do início de suas atividades, sendo que

---

60 Art. 21 do Anexo Normativo II da Resolução CVM nº175/2022.

a classe de investimento em cotas, neste mesmo prazo, deve possuir no mínimo 67% (sessenta e sete por cento) de seu patrimônio líquido representado por cotas de outros FIDCs[61].

Os FIDCs poderão aplicar o remanescente de seu patrimônio líquido em ativos financeiros de liquidez, a saber: a) títulos públicos federais; b) ativos financeiros de renda fixa de emissão ou coobrigação de instituições financeiras; c) operações compromissadas lastreadas nos ativos referidos nas alíneas "a" e "b"; e d) cotas de classes que invistam exclusivamente nos ativos referidos nas alíneas "a" a "c"[62].

Saliente-se que os FIDCs podem realizar operações em mercados de derivativos, desde que o objetivo seja proteger posições, desde que não resulte exposição ao risco de capital - exposição da classe de cotas ao risco de seu patrimônio líquido ficar negativo em decorrência de aplicações de sua carteira de ativos V e em troca de indexador a que os ativos do fundo estão indexados[63].

O fundo poderá adquirir direitos creditórios e outros ativos de um mesmo devedor, ou de coobrigação de uma mesma pessoa ou entidade, no limite de 20% do patrimônio líquido da classe de cotas, devendo o percentual cumprido mensalmente, com base no patrimônio líquido da classe de cotas ao final do mês imediatamente anterior. Para apuração deste

61 Art. 44º do Anexo Normativo II da Resolução CVM nº175/2022.

62 Art. 2º, inciso II do Anexo Normativo II da Resolução CVM nº175/2022.

63 Art. 44, §2º do Anexo Normativo II da Resolução CVM nº175/2022.

percentual, consideram-se como pertencentes a um único devedor os direitos creditórios e ativos financeiros de liquidez de responsabilidade ou coobrigação de devedores integrantes de um mesmo grupo econômico, devendo o gestor assegurar o cumprimento do referido percentual[64].

Saliente-se que nas classes de cotas destinadas exclusivamente a investidores qualificados, tal limite poderá ser elevado quando: (a) o devedor ou coobrigado: (i) tenha registro de companhia aberta; (ii) seja instituição financeira ou equiparada, autorizada a funcionar pelo Banco Central do Brasil; ou (iii) seja sociedade empresarial que tenha suas demonstrações financeiras relativas ao exercício social imediatamente anterior à data de constituição da classe ou à data de aquisição do direito creditório elaboradas em conformidade com o disposto na Lei nº 6.404, de 15 de dezembro de 1976, a regulamentação editada pela CVM e auditadas por auditor independente registrado na CVM; e (b) tratar-se de aplicações em títulos públicos federais, operações compromissadas lastreadas nos referidos títulos e em cotas de fundos que possuam como política de investimento a alocação exclusiva nos referidos títulos[65].

As situações de majoração do limite de 20% (vinte por cento) para aquisição de direitos creditórios de um mesmo devedor de que trata o parágrafo acima não são aplicáveis

64 Art. 45 do Anexo Normativo II da Resolução CVM nº175/2022.

65 Art. 45, §3º do Anexo Normativo II da Resolução CVM nº175/2022.

aos direitos creditórios de responsabilidade ou coobrigação de prestadores de serviços e de suas partes relacionadas, a fim de evitar situações que possam gerar potenciais conflitos de interesse.

É relevante salientar que o percentual de 20% (vinte por cento) de limite de concentração por recebíveis mencionada há pouco não se aplica a classes que tenham como cotistas: (a) sociedades integrantes de um mesmo grupo econômico e seus respectivos administradores e controladores pessoas naturais; ou (b) investidores profissionais[66].

Por fim, no tocante aos direitos creditórios devidos por entes públicos e cedidos ao FIDC, a saber, União, Estados, Distrito Federal e Municípios ou suas autarquias e fundações ou cedidos por tais entidades não deverão se sujeitar aos limites de percentual de concentração tratados há pouco[67].

No tocante à limitação de aplicação em cotas, as aplicações em cotas de uma mesma classe não podem exceder 25% (vinte e cinco por cento) do patrimônio líquido da classe investidora, salvo se o regulamento permitir a aplicação em um percentual superior[68].

A classe de cotas de aplicação pelo público em geral pode investir até o limite de 20% (vinte por cento) do seu patrimônio líquido em cotas de classes e subclasses e ativos finan-

---

66 Art. 45, §7º do Anexo Normativo II da Resolução CVM nº175/2022.

67 Art. 45, §8º do Anexo Normativo II da Resolução CVM nº175/2022.

68 Art. 47 do Anexo Normativo II da Resolução CVM nº175/2022.

ceiros de liquidez destinados exclusivamente a investidores qualificados. Dentro do referido percentual, pode ser investido até 5% (cinco por cento) do patrimônio líquido em cotas de classes e subclasses e ativos financeiros de liquidez destinados exclusivamente a investidores profissionais[69].

Já a classe de cotas destinada exclusivamente a investidores qualificados, esta pode investir até o limite de 20% (vinte por cento) do seu patrimônio líquido em cotas de classes e subclasses e ativos financeiros de liquidez destinados exclusivamente a investidores profissionais e dentro do referido limite, pode ser investido até 10% (dez por cento) do patrimônio líquido em classes de FIDC que admitam a aquisição de direitos creditórios não padronizados[70].

Quanto às infrações e penalidades, considera-se infração grave a não observância aos limites de concentração, composição e exposição da carteira de ativos do FIDC[71].

O FIDC admite estruturações diversas que atendam a uma série de segmentos, tendo como cedentes, indústrias, empresas comerciais, incorporadoras, bancos, financeiras, entre outros; e como recebíveis, diversas espécies de títulos de crédito, dentre os quais se destacam a duplicata, a cédula de crédito bancário, os cartões de crédito, os contratos de compra e venda e de locação de imóvel, os contratos de em-

69 Art. 49 do Anexo Normativo II da Resolução CVM nº175/2022.

70 Art. 50 e parágrafo único do Anexo Normativo II da Resolução CVM nº175/2022.

71 Art. do Anexo Normativo II da Resolução CVM nº175/2022.

préstimo com consumidor, em especial o Crédito Direto ao Consumidor (CDC) — dentre estes, o empréstimo para financiamento de veículos e crédito pessoal — e os empréstimos consignados, cujo pagamento é efetuado mediante desconto na folha de pagamento.

O Quadro 3.1, a seguir, exibe a classificação das espécies de FIDCs atribuída pela Anbima.

Quadro 3.1. – Classificação das espécies de FIDCs

Classificação	Descrição
FIDC Fomento Mercantil	Investem em carteiras de recebíveis pulverizada (direitos ou títulos), originadas e vendidas por diversos cedentes que antecipam recursos através da venda de duplicatas, notas promissórias, cheques e quaisquer outros títulos passíveis de cessão e transferência de titularidade. Enquadram-se nesta categoria os fundos utilizados como veículo no fornecimento de recursos ou antecipação de receitas para pessoas físicas e jurídicas por intermédio de firmas de assessoria financeira, cooperativas de crédito, fomento mercantil e *factoring*.
FIDC Financeiro	Congrega os FIDCs que tenham nas carteiras recebíveis dos seguintes setores de atuação: Crédito Imobiliário, Crédito Consignado, Crédito Pessoal, Financiamento de Veículos e Multicarteira Financeiro.
FIDC Agro, Indústria e Comércio	Congrega os FIDCs que tenham nas carteiras recebíveis dos seguintes setores de atuação: Infraestrutura, Recebíveis Comerciais, Crédito Corporativo, Agronegócio e Multicarteira Agro, Indústria e Comércio.
FIDC Outros	Congrega os FIDCs que tenham nas carteiras recebíveis dos seguintes setores de atuação: Recuperação (*Non Performing Loans*), Poder Público e Multicarteira Outros.

Fonte: ANBIMA. Disponível em DeliberacaoN72-Diretriz-de-Classificacao-de-FIDC_1_.PDF (anbima.com.br).pdf Acesso em: 09 set. 2023.

Apesar de a diversidade de segmentos que podem integrar a carteira de direitos creditórios ser considerada positiva do ponto de vista das empresas cedentes, haja vista o fato de que todas elas cujos segmentos se enquadrem nas atividades ora descritas poderão participar de uma operação de FIDC, para o investidor torna-se uma situação complexa na medida em que não existe uma padronização dos contratos que formalizarão os direitos creditórios e a estrutura da operação em si (contrato de cessão de direitos creditórios ao fundo etc.).

O estudo FIDC/Anbima[72] menciona que a escolha dos direitos de crédito cedidos ao fundo leva em consideração, além de suas características básicas, os eventuais riscos relativos ao cedente, como o de continuidade, atrelado à capacidade de originar novos recebíveis principalmente nas estruturas com créditos revolventes; ou de *performance*, relacionado a eventuais problemas com a entrega do produto, seja por atraso, por defeitos ou por conter especificações diferentes do pedido.

Ainda em conformidade com o aludido estudo, também são observados os critérios de elegibilidade definidos no regulamento e na política de investimento do fundo, que estabelecem os limites para aceitação dos recebíveis, no que se refere a prazos (máximos e mínimos), adimplência dos sacados, mediante a checagem nos órgãos competentes, concentração por sacado ou por segmento econômico, entre outras exigências.

Não obstante, o referido estudo conclui que o acompanhamento histórico dos pagamentos relativos aos recebíveis

72 Fundos de Investimento em Direitos Creditórios. Associação Brasileira de Entidades de Mercados Financeiros e de Capitais; redatores: Antônio Filgueira, Dalton Boechat. – Rio de Janeiro: Anbima, 2015; p. 27.

é apontado como um dos melhores indicadores para a avaliação do desempenho futuro de uma carteira de recebíveis.

No tocante aos critérios de elegibilidade dos direitos creditórios, a saber, as condições que deverão ser atendidas a fim de que tais direitos sejam elegíveis para serem adquiridos pelo fundo, estes critérios deverão constar da política de investimento especificada no regulamento do fundo[73], cuja responsabilidade pela verificação é do gestor, de forma individualizada ou por amostragem, neste último caso, desde que seja adotado modelo consistente e passível de verificação[74].

Os administradores de fundos de investimento em direitos creditórios são responsáveis por encaminhar ao Sistema de Informações de Créditos do Banco Central do Brasil - SCR documento composto pelos dados individualizados de risco de crédito referentes a cada operação de crédito — lastro que formaliza os direitos creditórios cedidos ao FIDC —, de acordo com os modelos disponíveis na página do Banco Central do Brasil na rede mundial de computadores e obter autorização específica do devedor de cada direito creditório cedido ao FIDC, passível de comprovação, para que os administradores dos FIDCs consultem às informações constantes do SCR[75].

73 Art. 21, inciso III do Anexo Normativo II da Resolução CVM nº175/2022.

74 Art. 33, alínea "a" do Anexo Normativo II da Resolução CVM nº175/2022.

75 Art. 31, inciso III do Anexo Normativo II da Resolução CVM nº175/2022.

3. CLASSE ABERTA E CLASSE FECHADA

Os FIDCs podem ser compostos por classes abertas ou fechadas.

A distinção primordial entre classe aberta e classe fechada refere-se ao fato de a primeira admitir o resgate das cotas a qualquer tempo, mediante a solicitação do cotista nesse sentido, observadas as condições estabelecidas no seu regulamento, ao passo que a segunda não admite o resgate das cotas[76].

Ainda de acordo com abordagem de Eizirik et al.[77], na hipótese de fundo fechado, é permitida a "amortização das cotas", ou seja, o pagamento aos cotistas da parcela do valor de suas cotas, sem redução do número de cotas[78].

No tocante à negociação das cotas de classe fechada, elas somente podem ser negociadas em mercados regulamentados quando distribuídas publicamente por meio de oferta registrada na CVM, observados os termos da Resolução CVM nº 160/2022, sendo que não poderá ser feita nova distribuição de cotas de classe fechada sem que tenha concluída a distribuição anterior de cotas da mesma classe[79]. Todavia, a distribuição de cotas de classe aberta independe de prévio registro

---

76 Art. 5, parágrafo sétimo da Resolução CVM 175/2022 e artigo 5º do Anexo Normativo II da Resolução CVM nº175/2022.

77 Eizirik, Nelson et al. Mercado de capitais – regime jurídico, p. 103.

78 Art. 8º, parágrafo único do Anexo Normativo II da Resolução CVM nº175/2022.

79 Art. 24 e 26 da Resolução CVM 175/2022.

na CVM[80] e poderá ou não ser intermediada por instituições intermediárias que fazem parte do sistema de distribuição de valores mobiliários, desde que um dos prestadores de serviços essenciais — administrador ou gestor — da classe investida fique responsável pelas atividades de prevenção à lavagem de dinheiro e ao financiamento do terrorismo e proliferação de armas de destruição em massa[81].

Com relação ao prazo dessas duas espécies de classe, as classes abertas dos FIDCs, em geral, têm prazo indeterminado, com raríssimas exceções, ao passo que os prazos das classes fechadas são em sua grande maioria determinados, os quais estão definidos em regulamento[82].

A nova regulamentação da CVM trouxe a definição de "classe restrita" que é a classe ou subclasse exclusivamente destinada a aplicação de recursos por investidores qualificados e profissionais[83].

4. PARTICIPANTES DA OPERAÇÃO

A estrutura operacional de um FIDC depende da atuação de diversos prestadores de serviços, aos quais é atribuída uma série de regras e obrigações primordiais para a boa estruturação e funcionamento de um FIDC.

---

80 Art. 22 da Resolução CVM 175/2022.

81 Art. 22, parágrafo único da Resolução CVM 175/2022.

82 PRODUTOS de Captação: FIDC: Anbima/Cetip (Estudos Especiais), p. 33.

83 Art. 111 da Resolução CVM nº 175/2022.

A atuação de vários participantes nos FIDCs torna mais transparente a operação, propiciando aumento da segurança por parte dos investidores. Entretanto, para cumprir o propósito de aperfeiçoar os controles das atividades desempenhadas pelo administrador e pelo custodiante, tornar mais claras e definidas as responsabilidades e atribuições de todos os prestadores de serviços contratados para os FIDCs, mitigar estruturas que possam ensejar a ocorrência de conflitos de interesse e, dessa maneira, fortalecer a boa governança dos FIDCs, a CVM editou, em 6 de fevereiro de 2013, a Instrução CVM nº 531. No entanto, tal instrução foi revogada pela Resolução CVM no 175/2022, mas, apesar de tal revogação, a CVM permaneceu estabelecendo regras para evitar conflitos de interesses e estabelecendo controles internos por parte dos prestadores de serviços contratados na estruturação do FIDC, como veremos a seguir.

As regras e obrigações atribuídas aos prestadores de serviços são descritas a seguir.

4.1. Consultoria Especializada

É a empresa contratada pelo gestor para realizar a análise, verificação da existência, titularidade do lastro que formaliza os direitos creditórios, seleção, aquisição e substituição dos recebíveis que integrarão a carteira do fundo[84] e a análise dos impactos estruturais, econômicos e contábeis

84 Art. 33, parágrafo 3º do Anexo Normativo II à Resolução CVM 175/2022.

decorrentes da realização da operação, devendo o gestor verificar se tal prestador de serviço possui reputação ilibada, capacidade técnica e operacional compatível com as atividades para a qual está sendo contratado[85].

4.2. Escritório de Advocacia

Os escritórios de advocacia atuam fortemente no assessoramento jurídico necessário no processo de estruturação jurídica de um FIDC, desde o início da operação, que compreende a fase de constituição do fundo, elaboração e revisão dos contratos e dos documentos que compõem a oferta, até a fase do registro da oferta perante a CVM e B3, nas ofertas das classes de cotas fechadas dos FIDCs, dos aludidos documentos e de exigências feitas pela CVM e/ou pela própria B3.

O escritório de advocacia é responsável pela elaboração e análise de todos os documentos pertinentes à operação, como o instrumento de constituição do FIDC, o regulamento, o prospecto, a lâmina, o contrato de cessão e os documentos relativos à oferta (anúncio de início, de encerramento, dentre outros), conforme o caso, os contratos de constituição de garantias, de prestação de serviços relacionados ao FIDC, pela verificação de que os aludidos documentos estão de acordo com os normativos da CVM em vigor e que os signatários dos contratos têm poderes para representar as partes contratan-

85 Art. 33, parágrafo 4º do Anexo Normativo II à Resolução CVM 175/2022.

tes, por meio da emissão de um parecer legal ao final da formalização e assinatura de tais documentos.

4.3. Administrador

Para regular a constituição de um FIDC, deverá ser contratado e eleito um administrador responsável por todos os atos praticados pela administração do fundo e pela prestação de informação aos cotistas, o qual deverá estar identificado no regulamento do fundo.

O administrador é considerado o representante legal do FIDC para assunção de obrigações e para o exercício de direitos atribuídos ao fundo.

Para o desempenho de suas funções, o administrador deverá ser registrado e habilitado na CVM, bem como satisfazer às exigências impostas pela CVM para o desempenho dessas atribuições[86].

O administrador desempenha, entre outras funções pelas quais é responsável, a tarefa de divulgação aos investidores e ao órgão regulador das informações relativas ao fundo, dentre as quais se incluem, mas não se limitam, divulgar aos investidores o valor do patrimônio líquido do fundo, o valor

86 O art. 23 da Lei no 6.385, de 7 de dezembro de 1976, estabelece os requisitos necessários para que o administrador desempenhe suas funções:
"Art. 23. O exercício profissional da administração de carteiras de valores mobiliários de outras pessoas está sujeito à autorização prévia da Comissão.
§ 1o – O disposto neste artigo se aplica à gestão profissional e recursos ou valores mobiliários entregues ao administrador, com autorização para que este compre ou venda valores mobiliários por conta do comitente

da cota, as rentabilidades acumuladas no mês e os relatórios das agências de classificação de risco. Cabe também ao administrador do FIDC contratar serviços de registro dos direitos creditórios em entidade registradora autorizada pelo Banco Central do Brasil, custodiante, serviços de guarda dos documentos que servem de lastro para formalizar os direitos creditórios integrantes da carteira do FIDC e serviços de liquidação física ou eletrônica e financeira dos direitos creditórios[87].

Outra obrigação do administrador diz respeito ao fornecimento de informações relativas aos direitos creditórios adquiridos ao Sistema de Informações de Créditos do Banco Central do Brasil (SCR), conforme já abordado no subitem 3.2 Composição da Carteira dos FIDCs[88].

Por fim, uma obrigação importante do administrador é manter separadamente registros com informações completas sobre toda e qualquer modalidade de negociação realizada entre o administrador, gestor, custodiante, entidade registradora, consultoria especializada e respectivas partes relacionadas e diligenciar para que, caso a política de investimentos admita a aquisição de direitos creditórios originados ou cedidos pelo administrador, gestor, consultoria especializada e suas partes relacionadas, o custodiante contratado não pode ser parte relacionada ao gestor ou à consultoria es-

---

87 As obrigações do administrador dos FIDCs estão elencadas no art. 83 da Resolução CVM nº 175/2022 e no art. 30 e 31 do Anexo Normativo II da Resolução CVM 175/2022.

88 Art. 31, inciso II do Anexo Normativo II à Resolução CVM 175/2022.

pecializada, a fim de criar uma política de governança transparente e mitigar qualquer situação de conflito de interesses.

Outra medida trazida para trazer segurança aos investidores é a obrigação de o administrador diligenciar para que os prestadores de serviços por ele contratados possuam regras e procedimentos para permitir o controle sobre a movimentação da documentação relacionada aos direitos creditórios cedidos ao FIDC[89].

É oportuno salientar que o administrador está investido nos poderes de exercício de todos os direitos inerentes aos recebíveis integrantes da carteira do fundo.

Conforme interpretação de José Alexandre de Freitas[90], no tocante aos direitos e deveres do administrador do fundo, o administrador de FIDC deve ser nomeado no regulamento do fundo, o qual igualmente deverá dispor sobre os seus direitos, deveres, bem como definir hipóteses e condições de sua substituição. Ainda segundo Freitas, entre os direitos do administrador encontra-se o de perceber a sua remuneração, denominada "Taxa de Administração", e de agir por conta e ordem do fundo, determinando a aquisição ou a venda de ativos, ou o pagamento de amortização ou resgate de cotas, e, sempre que entender necessário, convocar assembleia do titular das cotas.

---

89 Art. 30, parágrafo primeiro do Anexo Normativo II da Resolução CVM 175/2022.

90 Freitas, José Alexandre. O administrador de fundos de investimento em direitos creditórios. In: Lima Neto, Lucas de (Org.). Securitização de ativos: a era da desintermediação financeira, p. 61.

Será defeso ao administrador: (i) receber ou orientar o recebimento de depósito em conta corrente que não seja de titularidade da classe de cotas ou não seja conta-vinculada; (ii) aceitar que as garantias em favor da classe sejam formalizadas em nome de terceiros que não representem o fundo (salvo se em favor de um agente de garantias, por exemplo) devendo o administrador e o gestor diligenciar para segregá-las dos seus próprios patrimônios)[91].

4.3.1 Gestor

Nos FIDCs, há a atuação de duas pessoas jurídicas diversas, que são denominadas pela nova regulamentação como "prestadores de serviço essenciais", a saber: (i) o administrador, contratado para desempenhar as atividades de administração do fundo e (ii) o gestor, contratado para desempenhar as atividades de gestão do fundo.

Compete ao administrador o exercício da administração "corporativa" do fundo, exercício esse entendido como ter a responsabilidade pela intermediação entre o fundo e os cotistas, bem como entre o fundo e a CVM, no que concerne ao envio de informações e relatórios a essa autarquia, ao atendimento de exigências feitas por ela, bem como naquilo atinente à função de relacionamento e fiscalização dos terceiros prestadores de serviços contratados pelo fundo, mediante a manutenção das regras e controles internos desenvolvi-

91 Art. 41 e 43 do Anexo Normativo II da Resolução CVM 175/2022.

dos pelo administrador, a fim de que este possa diligenciar o cumprimento das obrigações assumidas pelos aludidos prestadores, conforme já abordado no subitem anterior.

Conforme veremos a seguir, o gestor passou a assumir diversas obrigações antes de responsabilidade do custodiante, por determinação da nova regulamentação publicada pela CVM em 2022 (Resolução CVM n 175).

Saliente-se que, por outra via, o gestor do fundo fica com a incumbência de selecionar os direitos creditórios que integrarão a carteira do fundo, objetivando sempre a alta pulverização destes e o baixo índice de inadimplência — sempre respeitando a política de investimento e as condições da cessão — e de precificar os aludidos ativos. Por força dessas incumbências, em geral os recursos recebidos pelo pagamento da taxa de administração são destinados ao gestor e não ao administrador.

Em acréscimo aos serviços já especificados no Capítulo 2 atribuídos ao gestor, o gestor é responsável: (a) pela estruturação do fundo; (b) por executar a política de investimento, por meio da análise e seleção dos direitos creditórios, verificação do atendimento dos critérios de elegibilidade, condições da cessão e dos requisitos de composição e diversificação, de forma individual ou por amostragem, por meio de utilização de metodologia passível de verificação; (c) avaliar o enquadramento do risco de performance dos direitos creditórios à política de investimento; (d) registrar os direitos creditórios na entidade registradora da classe ou entregá-los ao custodiante ou administrador; (e) manter a relação de risco e retorno na hipótese de substituição dos direitos creditórios; (f) efetuar a correta formalização dos documentos relacionados à cessão dos direitos creditórios; (g) monitorar o índice de subordinação, a taxa de retorno dos direitos creditórios em vista, no mínimo, dos pagamentos, pré-pagamentos e inadimplência, a adimplência dos direitos creditórios, e, no tocante àqueles vencidos e não pagos, diligenciar os procedimentos de cobrança judicial ou extrajudicial (salvo em caso de dispensa prevista no regulamento)[92].

O gestor poderá contratar, em nome do FIDC, os serviços de consultoria especializada, este para analisar, selecionar, adquirir e substituir os direitos creditórios — devendo o gestor verificar se tal prestador possui reputação ilibada e capacidade técnica e operacional compatível com as atividades contratadas —, e de agente de cobrança, sendo que a contratação da consultoria especializada pode englobar a atuação como agente de cobrança. Ressalta-se que o cedente dos direitos creditórios ao FIDC poderá ser contratado pelo gestor, em nome do fundo, exclusivamente como agente de cobrança dos créditos vencidos e não pagos[93].

No tocante à guarda do lastro/documentos que dão origem aos direitos creditórios, o cedente/originador dos direitos de crédito poderá exercer a função de fiel depositário destes nas

92 Art. 33 do Anexo Normativo II à Resolução CVM 175/2022.

93 Art. 32, §1º e §2º e art. 33, §3º e §4º do Anexo Normativo II à Resolução CVM 175/2022.

classes destinadas exclusivamente a investidores profissionais, contanto que alguns requisitos sejam atendidos:

a) a classe seja dedicada à aquisição de créditos inadimplidos, de grande volume, mas reduzido valor médio e desde que sejam cedidos à classe por percentual inferior ao valor de face;
b) a cobrança dos créditos seja preponderantemente realizada, de forma extrajudicial;
c) haja prévia aprovação pela unanimidade dos cotistas, reunidos em assembleia geral, ou declaração de ciência do cotista por meio de termo de adesão;
d) todos os contratos de cessão de direitos creditórios à classe contenham cláusulas que prevejam a recompra ou indenização pelas cedentes, no mínimo pelo valor de aquisição pago pela classe, corrigidos, na hipótese de a cedente não conseguir apresentar os documentos que comprovem a existência do crédito, ou de existirem óbices na documentação à efetiva cobrança do crédito;
e) o regulamento não dispense a verificação do lastro;
f) os demonstrativos trimestrais à CVM contendo o resultado da análise do lastro dos direitos de crédito e do registro nas entidades registradoras divulguem o valor dos créditos recomprados ou indenizados.[94]

---

94 Art. 32, §3º do Anexo Normativo II da Resolução CVM nº 175/22.

Dada a importância da verificação do lastro no FIDC, haja vista que o mesmo que dá origem/formaliza o negócio que enseja o pagamento ao investidor, a CVM atribuiu severas responsabilidades ao gestor no sentido de responsabilizá-lo pela verificação da existência, integridade e titularidade do lastro, e, caso haja a dispensa da sua análise no regulamento do FIDC, devem ser especificados os parâmetros relativos à diversificação dos devedores, quantidade e valor médio que ensejam a dispensa, podendo o gestor contratar terceiros para analisar o lastro, podendo ser este prestador a entidade registradora, o custodiante ou a consultoria especializada, devendo constar do contrato de prestação de serviços as regras e procedimentos atinentes à verificação do lastro[95].

4.4. Custodiante

Com a edição da Resolução CVM 175/2022, as funções do custodiante foram redistribuídas entre o administrador e, principalmente, o gestor.

Não obstante, os direitos creditórios devem ser custodiados por instituição credenciada pela CVM, caso a classe aplique recursos em direitos creditórios que não sejam passíveis de registro em entidade registradora, e nem estejam registrados em mercado de balcão autorizado pela CVM ou depositado em depositário central autorizado pela CVM ou

95 Art. 36 do Anexo Normativo II à Resolução CVM 175/2022.

pelo Banco Central do Brasil, a qual é responsável, dentre outras atribuições, pela guarda e custódia dos documentação relativa ao lastro dos direitos creditórios, hipótese em que o custodiante deverá observar as regras atinentes a um contrato de depósito, nos termos do art. 627 e seguintes do Código Civil Brasileiro —, pela liquidação financeira dos recebíveis e recebimento dos recursos decorrentes dos pagamentos destes, do resgate dos títulos que integram o patrimônio do fundo e/ou qualquer recurso destinado ao fundo, os quais deverão ser depositados em conta de titularidade da classe ou em conta instituída perante as instituições financeiras por intermédio de contrato (*escrow account*), a fim de evitar uma contaminação com recursos advindos de outra destinação ou uma apropriação indevida desses recursos pelo cedente, caso tais recursos transitassem pela conta do cedente[96].

O custodiante, para o satisfatório desempenho de suas funções, deverá possuir um sistema de cobrança ou sistema desenvolvido com esse fim, dotado da tecnologia e complexidade suficientes para o desempenho das funções transcritas acima.

Quanto à subcontratação das funções do custodiante, esses não podem ser, em relação à classe das cotas, origina-

96 Art. 37 e 39 do Anexo Normativo II à Resolução CVM 175/2022.

dora, cedente, gestor, consultoria especializada ou partes a ele relacionadas.[97]

Trimestralmente ou em periodicidade compatível com o prazo médio dos direitos creditórios, o custodiante dos direitos creditórios deve verificar a existência, integridade e titularidade do lastro dos direitos creditórios que ingressaram na carteira no período a título de substituição, assim como o lastro dos direitos creditórios vencidos e não pagos no mesmo período, e, para tanto, o custodiante ou o administrador, conforme o caso, pode utilizar informações oriundas da entidade registradora, observado que deve ser verificado se tais informações são consistentes e adequadas à verificação.[98]

4.5. Agência de Classificação de Risco (Agência de *Rating*)

Pedro Luiz Gazoni e Juan Mollein[99], em abordagem a respeito dos *ratings*, destacam que estes permitem aos investidores mensurarem o risco de crédito de diferentes títulos de forma rápida e precisa, possibilitam o aumento do número de investidores em uma empresa, ampliando seu acesso tanto ao mercado de capitais doméstico quanto ao internacional. Os autores asseveram que, em face da complexidade das

97 Art. 40 do Anexo Normativo II à Resolução CVM 175/2022.

98 Art. 38 do Anexo Normativo II à Resolução CVM 175/2022.

99 GAZONI, Pedro Luiz; Mollein, Juan. Ratings de operações estruturadas no Brasil. In: Lima Neto, Lucas de. Securitização de ativos: a era da desintermediação financeira, p.93.

estruturas das operações de securitização, sem os *ratings*, as cotas provenientes de uma operação desse tipo tendem a ser mais difíceis de serem colocadas, haja vista a grande complexidade da análise dos documentos que formalizam uma operação de securitização pelo investidor.

Tanto o FIDC, os direitos creditórios integrantes da carteira do fundo, como as classes seniores, destinadas à colocação pública, poderão ser avaliados por agência de classificação de risco (*rating*) em funcionamento no País. Qualquer alteração na avaliação deverá ser atualizada e divulgada na página da agência de *rating* na rede mundial de computadores, bem como comunicada à CVM, ao gestor e ao administrador[100].

Em 27 de outubro de 2020 foi editada pela CVM a Resolução no 9, a qual estabeleceu que a classificação de risco de crédito no âmbito do mercado de valores mobiliários é atividade privativa de agência de classificação de risco de crédito registrada, no caso de agência domiciliada no Brasil, ou reconhecida, no caso de agência domiciliada no exterior, pela CVM, atribuindo, portanto, a obrigatoriedade de seu registro perante a Superintendência de Supervisão de Securitização -SSE ou do seu reconhecimento pela CVM, no caso de agência domiciliada no exterior; nessa hipótese, esta, dentre outros requisitos, deverá estar registrada e submetida à supervisão por autoridade competente em seu país de origem e cons-

---

100 Art. 95, inciso I da Resolução CVM nº 175/2022.

tituir representante legal no Brasil com poderes expressos para receber, em nome da agência, quaisquer citações, intimações ou notificações.[101]

A análise feita pela agência de *rating* engloba, dentre outros aspectos, o exame: (i) dos riscos legais e operacionais envolvidos; (ii) da solidez financeira do originador — quando há coobrigação deste na cessão dos direitos creditórios ao fundo ou quando tratar-se de recebíveis a performar; (iii) da espécie de ativo que representa os recebíveis, ou seja, a qualidade da carteira de recebíveis securitizada; (iv) do modo de cobrança destes, uma vez que um eficiente controle de pagamentos garante a pontualidade nos recebimentos; (v) da análise histórica dos pagamentos efetuados pelos devedores dos recebíveis nos últimos anos; (vi) da solidez financeira da instituição financeira responsável pela cobrança dos recebíveis, bem como dos demais agentes intermediários, prestadores de serviços ao fundo; (vii) dos reforços de crédito, tais como o *spread* excedente, ou seja, a diferença entre a remuneração a ser recebida pelo ativo lastro e a remuneração a ser paga pelo emissor; (viii) da estrutura jurídica da operação; e (ix) do impacto da ausência de verificação de lastro pelo respectivo prestador de serviço, quando for o caso, na classificação concedida.

---

101 Art. 2º, 4º e 5º da Resolução CVM nº 9, de 27 de outubro de 2020.

O resultado da avaliação mencionada no parágrafo anterior deverá ser divulgado ao investidor, quando este ingressar no referido investimento, bem como deve constar do material de divulgação distribuído aos cotistas.

Nota-se, pois, com base no exposto, que as agências de *rating* observam de modo criterioso os requisitos legais para constituição dos FIDCs, e, em caso de não atendimento destes, poderá haver um rebaixamento do *rating* originalmente atribuído. Da mesma forma, caso haja fortes mecanismos de reforço de crédito nos FIDCs, as agências levarão em conta esse fator de maneira a atribuir uma classificação boa para os FIDCs e suas cotas.

4.6. Auditor Independente

O auditor independente precisa estar habilitado e registrado na CVM para o exercício de suas funções.

Dentre outras atribuições, a auditoria deve auditar as demonstrações contábeis do FIDC e de suas classes, em periodicidade anual,[102] na hipótese de liquidação do FIDC, o auditor deve emitir parecer sobre a demonstração da movimentação do patrimônio líquido, desde a data da última demonstração financeira auditada até a data da efetiva liquidação, devendo se manifestar sobre as movimentações ocorridas no referido período[103].

102 Art. 69 da Resolução CVM nº 175/2022.

103 Art. 126, §3 da Resolução CVM nº 175/2022.

Ao final de seu trabalho, o auditor independente emitirá parecer acerca das demonstrações financeiras e fará relatórios periódicos a serem entregues ao administrador do fundo.

Sobre a análise das demonstrações contábeis, Eliardo Araújo Lopes Vieira argumenta[104]:

Não obstante, a auditoria das Demonstrações Contábeis em Fundos de Investimento em Direitos Creditórios deve focar suas atenções na evolução da cota, nas aplicações financeiras, nos títulos e valores mobiliários, nas relações financeiras, incluindo disponibilidades e possíveis tomadas de recursos, nas obrigações e relações jurídicas cíveis e tributárias e nas disposições legais e regulamentares.

4.7. Entidade Registradora

Conforme já abordado no capítulo que trata do administrador, este deverá contratar, em nome do fundo, entidade registradora dos direitos creditórios que servirão de lastro do fundo, sendo certo que tal entidade não pode ser parte relacionada ao gestor ou da consultoria especializada[105].

A entidade registradora é uma pessoa jurídica autorizada a funcionar pelo Banco Central do Brasil e pela Comissão de

104 VIEIRA, Eliardo Araújo Lopes; GAZONI, Pedro Luiz; MOLLEIN, Juan. Auditoria em fundos de investimento em direitos creditórios. In: LIMA NETO, Lucas de. Securitização de ativos: a era da desintermediação financeira, p.125.

105 Art. 30, inciso I do Anexo Normativo II à Resolução CVM 175/2022.

Valores Mobiliários, para exercer a atividade de registro de ativos financeiros e de valores mobiliários.[106]

Em 24/08/23, foi editada a Resolução BCB nº 339, que regulamentou esta nova sistemática de emissão, registro e liquidação das duplicatas escriturais – título de crédito que representa os direitos de crédito que servem de lastro para os FIDCs – e estabeleceu que as entidades escrituradoras, empresas autorizadas pelo Banco Central do Brasil, além de prestar os serviços de escrituração de duplicatas e registro destas em sistema de registro ou depósito centralizado, passou a assumir as seguintes obrigações:

1. apresentação das duplicatas aos sacados/devedores e obtenção do seu aceite;
2. vinculação das duplicatas às notas fiscais;
3. realização das liquidações financeiras e controle dos pagamentos das duplicatas;
4. emissão de extratos sobre as duplicatas aos sacadores e sacados;
5. notificação aos sacados acerca da transferência/endosso das duplicatas, servindo este sistema de escrituração como a notificação ao sacado, requisito legal para eficácia da cessão de crédito em relação ao sacado[107];

---

106 Art. 6º, inciso V da Resolução BACEN/DC nº 110, de 01 de julho de 2021.

107 Art. 3, inciso V da Resolução BCB nº 339/23.

6. conciliar as duplicatas emitidas e os contratos que formalizam suas negociações;
7. controlar as negociações/cessões das duplicatas

Estas duplicatas escriturais, juntamente com os contratos que formalizam a cessão ou ônus sobre as duplicatas escriturais deverão ser registrados em sistemas de registros e depósito centralizado, aos quais os sistemas de escrituração devem se vincular por meio de serviços de interoperabilidade[108].

A obrigatoriedade do registro dos direitos creditórios em entidade registradora/escrituradora em sistemas de registros ou depositário central visa garantir a existência do direito creditório, a redução do risco de fraudes — emissão de "duplicatas frias" — nos FIDCs e evitar que um mesmo direito creditório seja cedido a mais de um ente, ensejando, portanto, maior segurança ao investidor e à estrutura do FIDC.

4.8. Intermediário/Distribuidor

Dentre esses prestadores do FIDC, está a instituição intermediária, também conhecida como "coordenadora" ou "distribuidora".

Toda oferta pública de valores mobiliários requer a atuação de agentes para intermediar a relação entre a ofertante, no caso dos FIDCs, a empresa originadora — "empresa originadora" — e os investidores ou cotistas, em conformidade

108 Art. 26 e 29 da Res. BCB nº 339/23.

com o disposto no art. 19, § 4º, da Lei nº 6.385/1976[109] e no art. 2º da Resolução CVM nº 161/2022.[110]

O coordenador da emissão das cotas de um FIDC desenvolverá papel de suma importância em todas as fases da emissão, desde o estudo da viabilidade da realização da operação, até a efetiva colocação e distribuição de cotas, devendo especialmente garantir e responsabilizar-se, juntamente com o gestor[111], pela veracidade, completude e consistência das informações prestadas pela empresa originadora dos direitos de crédito, bem como constantes dos materiais de divulgação das classes de cotas aos cotistas ao mercado e à CVM.

A principal função dos intermediários é constituir o elo entre os investidores em uma ponta e a sociedade originadora dos recebíveis na outra, mediante o auxílio e assessora-

---

109 "Art . 19. Nenhuma emissão pública de valores mobiliários será distribuída no mercado sem prévio registro na Comissão.
[...]
§ 4º - A emissão pública só poderá ser colocada no mercado através do sistema previsto no Art. 15, podendo a Comissão exigir a participação de instituição financeira."
Art . 15 da Lei nº 6.385/1976: "O sistema de distribuição de valores mobiliários compreende:
I - as instituições financeiras e demais sociedades que tenham por objeto distribuir emissão de valores mobiliários:
a) como agentes da companhia emissora;
b) por conta própria, subscrevendo ou comprando a emissão para a colocar no mercado".

110 Art. 2º Somente podem atuar como coordenadores de uma oferta pública as instituições registradas junto à CVM nos termos desta Resolução e que sejam signatárias, na qualidade de coordenadores, de contrato de distribuição de valores mobiliários objeto da oferta pública.

111 Art. 21, §2, inciso I da Resolução CVM nº 175/2022.

mento em todas as etapas que compõem uma oferta pública de valores mobiliários.

O distribuidor que atua por conta e ordem do investidor deve manter registro complementar de cotistas, específico para cada classe de cotas, de forma que a titularidade das cotas seja inscrita no registro em nome dos investidores, atribuído a cada cotista um código de investidor, devendo o distribuidor informar tal código ao administrador[112].

Portanto, os distribuidores que atuam por conta e ordem de investidores devem estar autorizados a prestar os serviços de escrituração de cotas, nos termos de norma específica, ou providenciar o depósito das cotas em central depositária de valores mobiliários ou seu registro em mercado organizado, de modo a possibilitar a identificação do cotista[113].

Além das atribuições descritas acima, os distribuidores que atuem por conta e ordem de clientes assumem as responsabilidades relacionadas aos investidores, a saber: (i) realizar o cadastro, identificação do investidor cuja obrigação cabe originalmente ao administrador; (ii)fornecer regulamentos, termos de adesão e ciência de riscos, notas de investimento e extratos; (iii) dar ciência aos investidores de que a distribuição é feita por conta e ordem; (iv) controlar e manter os registros internos referentes à compatibilidade entre as movimentações dos recursos dos clientes e sua capacidade

112 Art. 34 da Resolução CVM nº 175/2022.

113 Art. 34, §2º da Resolução CVM nº 175/2022.

financeira e atividades econômicas, nos termos da regulamentação específica sobre prevenção à lavagem de dinheiro, ao financiamento do terrorismo e ao financiamento da proliferação de armas de destruição em massa — PLD; (v) guardar a documentação cadastral dos clientes; (vi) prestar informação à CVM sobre os dados cadastrais dos cotistas; (vii) comunicar aos cotistas efetivos sobre a convocação de assembleias de cotistas e sobre suas deliberações; (viii) prestar o serviço de atendimento aos cotistas efetivos, para esclarecimento de dúvidas e para recebimento de reclamações; (ix) manter informações atualizadas que permitam a identificação dos cotistas finais, a qualquer tempo, bem como do registro atualizado das aplicações e resgates realizados em nome de cada um dos cotistas efetivos; e (x) reter e recolher os tributos incidentes nas aplicações, amortizações e resgates de cotas.[114]

Passa-se à análise dos direitos creditórios não padronizados.

5. DIREITOS CREDITÓRIOS NÃO PADRONIZADOS

Com a edição, pela CVM, da Resolução 175/2022 foram instituídos os direitos creditórios não padronizados, que não são mais considerados uma modalidade de FIDC, como era

114 Art. 36 da Resolução CVM 175/2022.

na regulamentação anterior, mas sim uma modalidade de direito creditório.

Os direitos creditórios não padronizados são aqueles direitos creditórios que possuam ao menos uma das seguintes características: a) estejam vencidos e pendentes de pagamento quando da cessão; b) decorrentes de receitas públicas originárias ou derivadas da União, dos Estados, do Distrito Federal e dos Municípios, bem como de suas autarquias e fundações; c) resultem de ações judiciais ou procedimentos arbitrais em curso, constituam seu objeto de litígio, tenham sido judicialmente penhorados ou dados em garantia; d) cuja a constituição ou validade jurídica da cessão para a classe de cotas seja considerada um fator de risco; e) o devedor ou coobrigado seja sociedade empresária em recuperação judicial ou extrajudicial; f) sejam cedidos por sociedade empresária em recuperação judicial ou extrajudicial, salvo se os direitos creditórios não sejam representados por contratos mercantis de compra e venda de produtos, mercadorias e serviços para entrega ou prestação futura, a sociedade esteja sujeita a plano de recuperação homologado em juízo; g) sejam de existência futura e montante desconhecido, desde que oriundos de relações jurídicas já constituídas; h) derivativos de crédito, quando não utilizados para proteção ou mitigação de risco de direitos creditórios; ou i) cotas de FIDC que invistam nos direitos creditórios referidos nas alíneas "a" a "h".[115]

Vale ressaltar que os direitos creditórios oriundos de precatórios não são considerados "direitos creditórios não padronizados", desde que não apresentem nenhuma impugnação e desde que já tenham sido remetidos ao Tribunal Regional Federal competente[116].

Em virtude desta modalidade de direito creditório representar um risco maior para o investidor, as classes de cotas cuja política de investimento admita a aquisição de direitos creditórios não padronizados são de subscrição exclusiva de investidores profissionais, ressalvada a hipótese de subscrição de cotas subordinadas pelo cedente e suas partes relacionadas.[117]

Pelo mesmo motivo exposto no parágrafo anterior, a classe de cotas destinada exclusivamente a investidores qualificados pode investir até o limite de 20% (vinte por cento) do seu patrimônio líquido em cotas de classes e subclasses e ativos financeiros de liquidez destinados exclusivamente a investidores profissionais, e, dentro do referido limite, pode ser investido até 10% (dez por cento) do patrimônio líquido

115 Art. 2º, inciso XIII do Anexo Normativo II da Resolução CVM nº 175, de 23 de dezembro de 2022.

116 Art. 2º, parágrafo primeiro, inciso II do Anexo Normativo II da Resolução CVM nº 175, de 23 de dezembro de 2022.

117 Art. 15º do Anexo Normativo II da Resolução CVM nº 175, de 23 de dezembro de 2022.

em classes de FIDC que admitam a aquisição de direitos creditórios não padronizados[118].

6. PAPEL DA CVM E REGISTRO DOS FIDCS

Conforme preceitua o art. 192 da Constituição Federal Brasileira, o sistema financeiro nacional é regulado por leis complementares. Em 1964, foi publicada a Lei no 4.595, a qual criou o Sistema Financeiro Nacional, regulando-o e estruturando-o, apesar de a referida legislação não ter sido instituída por meio de uma lei complementar.

Conforme ensinamento de José da Silva Afonso, pelo princípio da recepção, a Lei nº 4.595/1964 representou a lei instituidora do Sistema Financeiro Nacional. Ainda segundo o autor, a constituição consolidou alguns princípios do sistema, e, por conseguinte, o aludido diploma vale como se lei complementar fosse podendo, portanto, somente ser alterada por lei complementar[119].

O Sistema Financeiro Nacional é centralizado e coordenado pelo Conselho Monetário Nacional (CMN) e abaixo dele, na escala hierárquica, encontra-se o Banco Central do Brasil, sendo o primeiro responsável pela regulação e o último

---

118 Art. 5-º, parágrafo único do Anexo Normativo II da Resolução CVM nº 175, de 23 de dezembro de 2022.

119 Afonso, José da Silva. Curso de Direito Constitucional Positivo. 19. ed. São Paulo: Malheiros, 2001. p. 802.

pela execução das normas expedidas pelo CMN e fiscalização destas[120].

A Comissão de Valores Mobiliários (CVM), autarquia federal e agência reguladora, foi criada pela Lei n. 6.385, de 7 de dezembro de 1976, que dispõe sobre o mercado de valores mobiliários e que criou a referida autarquia, à qual foram atribuídas as funções de órgão regulador e fiscalizador do mercado de valores mobiliários[121]. Saliente-se que, paralelamente, o Banco Central do Brasil continuou desempenhando as funções de sua competência, no âmbito do mercado financeiro, em consonância com o disposto na Lei n. 4.595/1964.

De acordo com as disposições da Lei nº 6.385/1976, foi atribuída ao Conselho Monetário Nacional a incumbência de definir a política para o funcionamento do mercado de valores mobiliários e fixar as diretrizes e os parâmetros a serem seguidos pela CVM para o desempenho de suas funções[122] e à CVM a competência para regulamentar, com observância da

120 Ainda a respeito do fato de, segundo ensinamento de Eduardo Salomão Neto, o Sistema Financeiro Nacional ser encabeçado pelo CMN e, logo abaixo deste, estar o Banco Central, foi atribuída ao primeiro, em linhas gerais, competência regulamentar e, ao segundo, competência executiva e fiscalizatória em relação à atividade bancária (Salomão Neto, Eduardo. Direito bancário, p. 82).

121 Segundo Eizirik et al., a atuação da CVM deve pautar-se pela eficiência de seus atos, procurando, sempre que possível, agir com rapidez; para tanto, segundo o referido autor, precisa ser tratada, a exemplo do que ocorre no sistema jurídico norte-americano como verdadeira instância regulatória que é, cuja capacidade normativa, frente a conceitos indeterminados como condições artificiais de demanda, manipulação de preço, operações fraudulentas, práticas não equitativas, revela-se necessária à disciplina eficaz do mercado (Eizirik, Nelson et al. Mercado de capitais – regime jurídico, p. 271).

122 Art. 3o, inc. III, da Lei no 6.385/1976.

referida política definida pelo Conselho Monetário Nacional, as matérias expressamente previstas na Lei nº 6.385/1976 e na lei de sociedades por ações[123].

Infere-se, com base no exposto, que a CVM é, do ponto de vista constitucional e legal, dotada de competência normativa e judicante[124].

Catarina Iazzetti Ferreira[125] entende que as cotas dos FIDCs são consideradas valores mobiliários, o que significa que estão sob a égide regulamentar da CVM, em face da edição da Lei nº 10.198, de 14 de fevereiro de 2001, oriunda da conversão da Medida Provisória nº 2.110-40, de 26 de janeiro de 2001, e da Lei no 10.303[126], de 31 de outubro do mesmo ano.

---

123 Art. 8o, inc. I, da Lei no 6.385/1976.

124 Eizirik et al. salientam que hoje se fala em atuações quase-legislativas e quase-judicantes das agências reguladoras e não apenas na delegação de parcelas de funções estatais. O moderno direito administrativo, de acordo com esses autores, desloca o tratamento das autarquias especiais do âmbito do controle exclusivo do Poder Executivo, para situá-las como entidades dotadas de autonomia e, portanto, independentes de todos os poderes estatais (Eizirik, Nelson et al. Mercado de capitais – regime jurídico, p. 252).

125 Ferreira, Catarina Iazzetti. O papel desempenhado pela CVM na evolução dos fundos de investimento em direitos creditórios no Brasil. In: Lima Neto, Lucas de. Securitização de ativos: a era da desintermediação financeira, p. 31.

126 O art. 4o da Lei no 10.303/01 alterou o art. 2o da Lei no 6.385/1976:
"Art. 2o – São valores mobiliários sujeitos ao regime desta Lei:
– as ações, debêntures e bônus de subscrição;
– os cupons, direitos, recibos de subscrição e certificados de desdobramento relativos aos valores mobiliários referidos no inciso II;
– os certificados de depósito de valores mobiliários; IV – as cédulas de debêntures;
– as cotas de fundos de investimento em valores mobiliários ou de clubes de investimento em quaisquer ativos;
– as notas comerciais;
– os contratos futuros, de opções e outros derivativos, cujos ativos subjacentes sejam valores mobiliários;
– outros contratos derivativos, independentemente dos ativos subjacentes; e

> A CVM disciplina, fiscaliza (art. 8º, inc. III, da Lei no 6.385/1976), regula e sanciona[127] as atividades descritas no art. 1º da referida Lei, quais sejam: emissão e distribuição de valores mobiliários no mercado, negociação e intermediação no mercado de valores mobiliários, administração de carteiras e a custódia de valores mobiliários, auditoria das companhias abertas, organização e funcionamento das operações das Bolsas de Valores e das de Mercadorias e Futuros, os serviços de consultor e analista de valores mobiliários e a negociação e intermediação no mercado de derivativos.

Com a reforma legislativa ocorrida em 2001, por meio da publicação da Lei nº 10.303/2001, da Medida Provisória nº 8, transformada em 28 de fevereiro de 2002 na Lei nº 10.411, e do Decreto nº 3.995, de 31 de outubro de 2001, ampliou-se e ratificou-se a competência da CVM como entidade autárquica em regime especial, vinculada ao Ministério da Fazenda, com

– quando ofertados publicamente, quaisquer outros títulos ou contratos de investimento coletivo, que gerem direito de participação, de parceria ou de remuneração, inclusive resultante de prestação de serviços, cujos rendimentos advêm do esforço do empreendedor ou de terceiros.

127 Ainda segundo Ferreira, a CVM detém função de fiscalização do mercado, de maneira a coibir e punir condutas que lhe sejam danosas. Dessa forma, a CVM age imbuída de seu poder de polícia (Ferreira, Catarina Iazzetti. O papel desempenhado pela CVM na evolução dos fundos de investimento em direitos creditórios no Brasil. In: Lima Neto, Lucas de. Securitização de ativos: a era da desintermediação financeira, p. 42).

personalidade jurídica e patrimônio próprios, e com autoridade administrativa independente, sem qualquer subordinação hierárquica, mandato fixo, estabilidade de seus dirigentes, e autonomia financeira e orçamentária[128].

A seguir serão abordados os aspectos mais relevantes no que concerne a cada uma das funções desempenhadas pela CVM.

6.1. Competência Regulamentar

Compete à CVM regulamentar as matérias constantes da Lei nº 6.404/1976 (Lei das Sociedades Anônimas), bem como da Lei nº 6.385/1976, conforme disposto no art. 8º, inc. I, desta última Lei, mediante a edição das instruções, com referência específica aos FIDCs.

No tocante à função normativa desempenhada pela CVM, na qualidade de agência reguladora, Eizirik et al.[129] tratam da redefinição do papel do Estado atual, inserido no seguinte contexto:

> As agências reguladoras emergem em um contexto político-jurídico em que se busca a consolidação de um Estado regulador de atividades econômicas de serviços públicos, predominantemente —, e não mais de um Estado in-

128 Art. 50 da Lei no 6.385/1976.

129 Eizirik, Nelson et al. Mercado de capitais – regime jurídico, p. 267.

> terventor na economia. É por meio das agências que o Estado passa a fixar um conjunto de regras técnicas atinentes à conformidade da prestação de serviços públicos ou do exercício de atividades econômicas com o interesse coletivo.

A CVM editou as seguintes instruções para regulamentação dos FIDCs: a Instrução CVM nº 356/2001, seguida da edição e publicação da Instrução CVM nº 393, de 22 de julho de 2003, a qual trouxe, dentre outras mudanças, a possibilidade de emissão, pelos FIDCs constituídos na forma de fundo fechado, de séries de cotas seniores, cada qual com prazos e valores para amortização e outras características distintas da outra série[130].

Algum tempo depois, a CVM editou a Instrução nº 435/2006 e, em 8 de dezembro do mesmo ano, a Instrução nº 442, e, ainda, a Instrução nº 446. Foram editadas, também, a Instrução nº 458, em 2007; a Instrução nº 484, em 2010; as Instruções nº 489, 498, 504 e 510, em 2011; a Instrução nº 531, em 2013, a Instrução 545, em 2014 e, em 2022 a Resolução CVM nº 175 — todas elas relacionadas aos FIDCs.

---

130 Art. 20, inc. XIII, da Resolução CVM no 175.

6.2. Competência Registrária

A competência registrária da CVM está prevista no art. 8º, inc. II, da Lei nº 6.385/1976, o qual trouxe a incumbência à CVM de administrar os registros instituídos pela referida lei.

É nesse contexto de fiscalização e regulamentação exercida pela CVM, que essa autarquia estabeleceu que o funcionamento dos fundos de investimento em direitos creditórios depende do prévio registro na CVM, e que o registro de funcionamento destes será automaticamente concedido pela CVM por meio do envio de documentos e informações pelo administrador do fundo por meio de sistema eletrônico[131].

No que tange à distribuição pública de cotas de classe fechada do FIDC, esta depende de prévio registro na CVM, devendo, no tocante à oferta pública de cotas dessa espécie de fundo, ser observados os termos e condições estabelecidos para uma emissão pública de mercado de capitais[132], especialmente o princípio da informação ao mercado e as normas constantes da Resolução CVM nº 160/2022, que regulamenta os procedimentos a serem observados em uma oferta pública de valores mobiliários.

Todavia, a distribuição de cotas de classe aberta independe de prévio registro na CVM, conforme já mencionado no item 3.3 — Classe Aberta e Classe Fechada — deste trabalho.

---

131 Art. 8º da Resolução CVM no 175/2022.

132 Art. 24 da Resolução CVM nº 175/2022.

A CVM tem poderes para aplicar a norma de maneira preventiva ou repressiva podendo, exemplificativamente, suspender a negociação de determinado valor mobiliário, decretar o recesso de bolsa de valores e/ou suspender ou cancelar registros para negociação em bolsa e/ou de emissão pública de valores mobiliários de que trata a Lei nº 6.385/1976, a fim de prevenir ou corrigir situações anormais do mercado[133].

6.3. Competência Consultiva

A competência consultiva da CVM está prevista no art. 13 da Lei nº 6.385/1976, o qual estabelece que a aludida autarquia deverá manter serviço para desempenhar atividades consultivas ou de orientação perante os agentes do mercado de valores mobiliários ou a qualquer investidor.

Referidas atividades consultivas são divulgadas pela CVM por meio de pareceres ou comunicados.

6.4. Competência Disciplinar

A competência disciplinar da CVM está relacionada aos seus poderes de sancionar e de polícia. Dessa forma, a Lei nº 6.385/1976 dotou a CVM de poderes investigatórios e repres-

133 Art. 9°, § 1°, da Lei n. 6.385/1976.

sivos, caso essa autarquia verifique ou apure algum ilícito administrativo[134].

No que concerne à função fiscalizatória desempenhada pela CVM, na qualidade de agência reguladora, Eizirik et al.[135] mencionam que a aludida autarquia detém o poder de polícia:

> Como agência reguladora do mercado de valores mobiliários, a CVM detém função de fiscalização desse mercado, de forma a coibir e punir condutas que lhe sejam danosas. Dessa forma, a CVM age imbuída do seu poder de polícia, ou seja, limitando a liberdade individual em prol de um interesse público ou coletivo.

134 Art. 9°, incs. II e V, da Lei n. 6.385/1976: "[...]
II – intimar as pessoas referidas no inciso I a prestar informações, ou esclarecimentos, sob cominação de multa, sem prejuízo da aplicação das penalidades previstas no art. 11;
[...]
V – apurar, mediante processo administrativo, atos ilegais e práticas não equitativas de administradores, membros do conselho fiscal e acionistas de companhias abertas, dos intermediários e dos demais participantes do mercado".

135 EIZIRIK, Nelson et al. Mercado de Capitais – regime jurídico, p.276.

7. PRINCIPAIS DOCUMENTOS NECESSÁRIOS PARA CONSTITUIÇÃO E OFERTA DAS COTAS

7.1. Regulamento

O fundo é regido pelas normas da CVM em vigor e por seu regulamento, motivo pelo qual todos os aspectos da operação devem estar plenamente, e de forma compreensiva, descritos nesse regulamento. Ademais, se aplicável, as classes de cotas do fundo são complementarmente regidas por anexos ao regulamento.[136]

A parte geral do regulamento deverá dispor acerca dos seguintes tópicos: a) identificação e qualificação dos prestadores de serviços, com informação sobre os seus respectivos registros na CVM; b) responsabilidade dos prestadores de serviços perante o fundo e entre si; c) definição sobre se o fundo conta com classe única de cotas ou diferentes classes de cotas e, caso conte com classes diferentes, definição das despesas que são comuns às classes; d) forma de rateio das despesas em comum entre as classes; e) forma de rateio das contingências que recaiam sobre o fundo, mas não sobre o patrimônio de algumas classes em específico, que deve ser passível de verificação e não implicar transferência indevida de riqueza entre as classes, f) prazo de duração do fundo, que pode ser indeterminado; e g) sobre o exercício social.

136 Art. 48 da Resolução CVM nº 175, de 23 de dezembro de 2022.

Já os anexos que descrevem os termos e condições de cada uma das classes devem conter as seguintes informações: a) o público-alvo; b) a responsabilidade dos cotistas, especificando se está limitada ao valor por eles subscrito ou se é ilimitada; c) o regime da classe, a saber, se aberta ou fechada; d) o prazo de duração da classe, que pode ser indeterminada e deve ser compatível com o prazo de duração do fundo; e) a categoria, ou seja, sua classificação de acordo com a política de investimento; f) a política de investimentos, aderente à categoria; g) a possibilidade ou não de futuras emissões de cotas de classe fechada e, se for o caso, autorização e eventuais condições para a emissão de novas cotas, a critério do gestor, inclusive quanto à existência ou não de direito de preferência para os atuais cotistas, sem necessidade de nova aprovação em assembleia de cotistas; h) as condições para a aplicação e o resgate de cotas nas classes abertas; i) condições para a utilização de barreiras aos resgates,; j) os procedimentos aplicáveis à amortização e resgate compulsórios de cotas; e k) a taxa máxima de distribuição; l) as taxas de ingresso e de saída, se houver; m) a distribuição de resultados, se for o caso, compreendendo os prazos e condições de pagamento; n) o intervalo para a atualização do valor da cota da classe aberta, que deve ser compatível com o prazo de resgate; o) a forma de comunicação que deve ser utilizada pelo administrador; p) os procedimentos aplicáveis às manifestações de vontade dos cotistas por meio eletrônico; q) os eventos que obrigam o administrador a verificar se o patrimônio líquido da classe está negativo; r) os procedimentos aplicáveis à liquidação da classe, o que pode incluir hipóteses de liquidação antecipada; e s) taxas de administração e de gestão.[137]

Em adição às matérias previstas nos parágrafos acima, o regulamento do FIDC deverá dispor sobre: a) índice referencial, se houver, para cada subclasse em separado; b) índice de subordinação, se houver, para cada subclasse em separado, assim como os procedimentos aplicáveis na hipótese de inobservância desse índice, sendo que o mesmo deve ser expresso por meio de uma taxa percentual do patrimônio líquido da classe de cotas; c) taxa de performance, se houver; d) a remuneração da consultoria especializada, se houver; e) diferenciação entre as subclasses, se houver; f) diferenciação entre as séries de cotas seniores e subordinadas mezanino,; g) possibilidade de a verificação do lastro dos direitos creditórios ser executada por amostragem, e bem como especificação dos parâmetros relativos à diversificação de devedores, quantidade e valor médio dos créditos; h) procedimentos aplicáveis à cobrança dos direitos creditórios, incluindo aqueles vencidos e não pagos; e i) eventos que ensejam a liquidação antecipada da classe.[138]

As alterações no regulamento aprovadas pela assembleia geral de cotistas, salvo nas seguintes hipóteses: a) decorrer exclusivamente da necessidade de atendimento a normas le-

137 Art. 48 da Resolução CVM nº 175/2022.

138 Art. 20 do Anexo Normativo II da Resolução CVM nº 175/2022.

gais ou regulamentares, exigências da CVM, de entidade administradora de mercados organizados em que as cotas do fundo sejam admitidas à negociação ou de entidade autorreguladora; b) for necessária em virtude da atualização dos dados cadastrais de prestadores de serviços da classe; ou c) dispor sobre redução de taxa devida a prestador de serviços.[139]

7.2. Prospecto

O prospecto é o instrumento de divulgação dos principais termos e condições da oferta pública das cotas e do fundo ao investidor, em linguagem de fácil compreensão por ele. Ressalta-se que as cotas do FIDC não podem ser ofertadas ao público sem a divulgação de um prospecto e a utilização de um documento de aceitação da oferta, exceto nas ofertas destinadas a investidores profissionais, dentre outras exceções que não se aplicam aos FIDCs[140].

Nenhuma informação publicada com relação ao fundo pode estar em desacordo com o estabelecido no regulamento e no prospecto[141] do fundo protocolado na CVM.

As divulgações do prospecto preliminar, quando houver, e do prospecto definitivo, devem ser feitas, com destaque e sem restrições de acesso, na página da rede mundial de computadores: a) do fundo de investimento cujas cotas estejam

139 Art. 52 da Resolução CVM nº 175/2022.

140 Art. 9 da Resolução CVM nº 160/2022

141 Art. 12, §2º, inciso I da Resolução CVM nº 160/2022

sendo ofertadas, b) das instituições participantes do consórcio de distribuição, sendo aceita a remissão à página do coordenador líder; c) das entidades administradoras de mercado organizado de valores mobiliários nos quais as cotas sejam admitidas à negociação; e d) da CVM.[142]

O prospecto deve ser elaborado pelo escritório de advocacia contratado para a oferta das cotas do FIDC, em conjunto com o coordenador líder e com o cedente dos créditos ao fundo e deverá conter estritamente a informação necessária, suficiente, verdadeira, precisa, consistente e atual, apresentada de maneira clara e objetiva em linguagem simples e acessível, de modo que os investidores possam formar criteriosamente a sua decisão de investimento[143].

O prospecto deverá conter, dentre outras informações — observado que não se deve omitir informações relevantes, nem conter informações imprecisas ou que possam induzir o investidor a erro — em termos gerais: a) informações sobre a oferta, incluindo seus termos e condições; b) informações sobre as cotas ofertadas e os direitos que lhes são inerentes; c) informações sobre eventuais terceiros garantidores de obrigações relacionadas com as cotas do FIDC, se houver, incluindo sua situação patrimonial, econômica e financeira; d) os principais fatores de risco relacionados com o fundo, com as cotas, com a oferta, e com o eventual terceiro garantidor;

142 Art. 13 da Resolução CVM nº 160/2022

143 Art. 16 da Resolução CVM nº 160/2022

e e) os terceiros que venham a ser destinatários dos recursos captados com a oferta primária[144].

Relativamente ao FIDC, o prospecto deverá: (i) conter informações cadastrais sobre os prestadores de serviços essenciais bem como demais informações que se queiram destacar; (ii) indicar o nível de concentração dos devedores dos direitos creditórios, se são múltiplos devedores ou apenas um, e neste último caso, este deve ser especificado no prospecto; (iii) em relação a cada classe de cotas, indicar a respectiva classificação de risco, data de vencimento, cronograma de amortização, juros remuneratórios, descrição das garantias, sobre a existência de patrimônio segregado e seus eventos de liquidação, prioridade de recebimento, valor da oferta, lastro informações tributárias em relação à aplicação nas cotas e índice de subordinação ; (iv) conter informação se o título é qualificado pelo emissor como "verde", "social", "sustentável" e indicação de quais metodologias, princípios ou diretrizes amplamente reconhecidos foram seguidos para qualificação da oferta, periodicidade e entidade responsável por reportar o cumprimento das obrigações da oferta para qualificá-la como verde, social ou sustentável; (v) conter informação sobre o público-alvo da oferta; (vi) indicar os cronogramas da oferta; (vii) descrever as principais características dos direitos creditórios, tais como valor, prazo de vencimento, taxa de

---

144 Art. 17 da Resolução CVM nº 160/2022

juros de retorno, indicação dos índices de concentração por devedor em relação ao total dos direitos creditórios cedidos a cada classe, descrição dos procedimentos de cobrança dos recursos oriundos do pagamento dos direitos creditórios e identificação dos originadores e cedentes que representem ou possam vir a representar mais de 10% (dez por cento) dos direitos creditórios cedidos[145].

7.3. Contrato de Cessão de Direitos Creditórios

Participam do contrato de cessão a empresa originadora, na qualidade de cedente, o FIDC, representado por seu administrador, na qualidade de cessionário, o administrador, o gestor, conforme o caso, e o custodiante.

O contrato de cessão tem por objeto, como o próprio nome evidencia, a cessão, pela empresa originadora ao fundo, em rigor sem o direito de regresso contra a empresa originadora, dos direitos creditórios que atendam aos critérios de elegibilidade e às condições de cessão, mediante o pagamento, pelo fundo, do preço de aquisição dos referidos direitos, o qual ocorrerá na data em que as cotas seniores forem integralmente subscritas e integralizadas pelos cotistas.

Devem constar do contrato de cessão de direitos creditórios, dentre as principais disposições, as seguintes: (i) o objeto da cessão, quais sejam, os direitos creditórios objeto da cessão; (ii) as condições suspensivas, quando a

145 Anexo D à Resolução CVM nº 160/2022

consumação da cessão de crédito estiver condicionada ao cumprimento de condições suspensivas e as condições da cessão dos direitos creditórios ao fundo; (iii) a descrição do procedimento que materializará a cessão de créditos, em especial quando a cessão é gradativa (em etapas); (iv) a descrição do preço que o fundo pagará pelos direitos creditórios, da fórmula para sua apuração, quando o preço não for fixo, e da forma de pagamento do preço a ser efetuado pelo custodiante, responsável pela liquidação desse pagamento; (v) a descrição das obrigações da cedente; (vi) o procedimento de cobrança dos recursos decorrentes do pagamento dos direitos creditórios, bem como a cobrança judicial dos referidos direitos creditórios; (vii) a forma de notificação dos devedores dos recebíveis em decorrência da cessão dos direitos creditórios ao fundo; (viii) a descrição dos eventos de revisão, que são aqueles cuja ocorrência pode comprometer a saúde financeira da empresa originadora; (ix) as hipóteses de recompra e substituição dos direitos creditórios, pela empresa originadora, conforme o caso; e (x) as hipóteses de resilição e resolução do contrato de cessão.

Vale ressaltar que as cessões de créditos relativas a empréstimos e financiamentos com consignação das prestações em folha de pagamento, bem como de financiamento de veículos automotores realizadas pelas instituições financeiras e demais instituições autorizadas a funcionar pelo Banco Central do Brasil, na qualidade de cedente, ao fundo deverão ser registradas pelas referidas partes em sistemas de registro e de liquidação financeira de ativos autorizados pelo Banco Central do Brasil, incluindo-se entre elas a Cetip S.A., Mercados Organizados e a Central de Cessões de Crédito – C3, em face do disposto na Resolução nº CMN 3.998, de 28 de julho de 2011, do Conselho Monetário Nacional.

7.4. Contrato de Colocação e Distribuição das Cotas Seniores do Fundo

Participam do contrato de distribuição o fundo representado por seu administrador, o banco coordenador/intermediário líder, os demais bancos coordenadores da oferta e a empresa originadora.

De modo sumário, o contrato de distribuição deverá dispor sobre os seguintes itens: (i) a fixação de condições suspensivas, cujo implemento desencadeará o cumprimento, pelos coordenadores, das obrigações por eles assumidas no contrato de distribuição; (ii) a descrição da forma de colocação das cotas seniores, do preço e da forma de integralização destas;

(iii) o regime de colocação das cotas seniores, o qual em geral é realizado sob o regime de garantia firme de colocação, isto é, caso não haja investidores para adquirir as cotas, os coordenadores farão a sua aquisição, no montante da garantia firme por eles prestada, e deverá haver disposição sobre o prazo para colocação das cotas seniores, pelos coordenadores; (iv) as obrigações do administrador do fundo e da cedente, como disponibilização, aos coordenadores, de todos os documentos da cedente ,necessários para elaboração dos documentos do fundo e da oferta; (v) as obrigações do coordenador líder, a saber, acompanhar, juntamente com a instituição administradora, a obtenção do registro do fundo e da oferta perante a CVM e promover a publicação dos documentos da oferta, bem como dispor sobre as obrigações dos coordenadores; (vi) a remuneração dos coordenadores, pelos serviços de estruturação, coordenação, colocação, e pela garantia firme prestada, conforme o caso; e (vii) cláusula dispondo sobre as hipóteses de resolução e resilição do contrato em questão.

7.5. Lâmina de Informações Básicas

A lâmina de informações básicas é um material publicitário que deverá conter os principais termos e condições de cada classe aberta do FIDC, destinada ao público em geral e deverá ser atualizada pelo administrador sempre que necessário[146].

Caso o regulamento do FIDC preveja as taxas de administração e gestão do próprio FIDC e dos fundos em que ele in-

146 Art. 18 do Anexo Normativo II da Resolução CVM nº 175/2022.

veste, doravante em conjunto designadas "taxas máximas", tais taxas máximas que deverão constar da lâmina.[147]

A lâmina deverá conter informações, dentre outras, acerca do público-alvo do FIDC, seus objetivos, descrição de todos os prestadores de serviços, da política de investimento, das condições de investimento, sobre as exposições por devedor *vis-à-vis* o percentual da carteira de ativos, simulação de rentabilidade, sobre a política de distribuição e informações sobre atendimento aos cotistas, descrição dos canais de contatos para reclamações, etc.[148]

8. CONSIDERAÇÕES ECONÔMICAS *VERSUS* FIDCS

Apesar de os FIDCs terem sido regulados em 2001, apenas em 2003 apareceu um volume significativo de operações que os envolvia, como alternativa adotada pelas empresas para captação de recursos. Essas empresas eram de segmentos e portes diversos, inclusive financeiros, haja vista que nos FIDCs em geral não se leva em consideração o risco de crédito da empresa originadora, mas sim o risco de crédito da carteira dos recebíveis, permitindo, dessa forma, que empresas de menor porte, sem os pré-requisitos para acesso ao mercado

---

147 Art. 18, § 2º do Anexo Normativo II da Resolução CVM nº 175/2022.

148 Suplemento E à Resolução CVM nº 175/2022.

de capitais e sem robustez financeira, possam captar recursos dessa maneira.

A principal razão pela qual não houve emissões de FIDC em 2002 deu-se em consequência da crise econômica que atingiu a Argentina, somada à posse do novo presidente brasileiro, que ocasionou indefinição no cenário político, gerando, por conseguinte, certa desconfiança pelos investidores estrangeiros, que se sentiram desestimulados a aplicar seus recursos no País. De acordo com Santana[149], duas são as explicações para o fraco desempenho nos FIDCs durante esse período. A primeira está relacionada com o cenário econômico e político conturbado que marcou o ano de 2002. Ademais, houve o problema da marcação a mercado dos títulos públicos, o agravamento da crise econômica na Argentina e a indefinição do cenário eleitoral brasileiro, os quais afugentaram investidores do mercado de capitais. Ainda em conformidade com Santana, o segundo motivo está relacionado com a própria regulamentação do FIDC, a qual impunha uma série de limitações na estruturação dessas operações.

O número de operações de FIDC aumentou significativamente entre 2003 e 2005 — mais de cinco vezes, conforme ilustra o Quadro 3.2, adiante —, época em que a economia do País estava aquecida, as bolsas de valores em alta,

---

149 Santana, Rogério de Araújo. O fundo de investimento em direitos creditórios como alternativa de financiamento: 2001–2005, f. 56.

propiciando, por consequência, o sucesso e o crescimento do número das operações realizadas no âmbito do mercado de capitais, de emissão de valores mobiliários, dentre elas, as notas promissórias — *commercial papers* —, as debêntures, abertura do capital de empresas e, em especial, a constituição dos FIDCs.

Outro motivo que ensejou o crescimento dos FIDCs em 2003 foi a edição, em 22 de julho desse ano, da Instrução CVM 393, que mitigou algumas limitações regulamentares existentes até a edição da referida norma. Segundo Fagundes[150], com a edição da referida norma, buscou-se adequar a regulamentação dos fundos de investimento em direitos creditórios às necessidades do mercado e à conjuntura brasileira, como a possibilidade de os fundos constituídos na forma de condomínio fechado terem mais de uma série de cotas seniores, com prazos diferentes para emissão, resgate e amortização, dentre outras inovações já mencionadas no presente trabalho. O número de emissões públicas de FIDCs duplicou desde o ano de 2004 até 2006, permanecendo estável em 2007 e 2008. Em 2009, o número de emissões reduziu pela metade, comparado com o ano anterior. Essa redução foi consequência da crise financeira mundial ocorrida em 2008. No ano de 2010, o número de emissões aumentou sensivelmente, voltando a reduzir-se de 2010 para

150 Fagundes, João Paulo F. A. Os fundos de investimento em direitos creditórios à luz das alterações promovidas pela instrução CVM 393. Revista de Direito Mercantil, Industrial, Econômico e Financeiro, São Paulo, v. 132, p. 96-105, out./dez. 2003.

2011, muito provavelmente por conta da edição da Instrução CVM nº 476, de 16 de janeiro 2009, que possibilitou um regime simplificado de ofertas sem a necessidade de registro perante a CVM, desde que destinada a investidores qualificados, a um determinado número de investidores e que a oferta fosse comunicada à CVM quando do seu encerramento, e, portanto, muito provavelmente as cotas de FIDC passaram a ser ofertadas sob este regime simplificado, o qual também era menos custoso.

Também houve uma redução no número de emissões de 2011 para 2012, conforme ilustra o Quadro 3.2. A redução de 2011 para 2012 foi consequência de algumas fraudes nos FIDCs ocorridas em 2012 e das incertezas do mercado em face das alterações trazidas pela CVM por meio da edição da Instrução CVM no 531/2013, que reforçou o regime de governança dos FIDCs, mas ao mesmo tempo aumentou o custo de estruturação dos mesmos em função de tais regras.

No tocante ao ano 2013, houve uma sensível redução no número de emissões, comparado com o ano de 2012, e, de 2013 para 2014, o número de emissões manteve-se estável, apesar de o volume das emissões ter caído pela metade. Por fim, em 2015, o primeiro semestre começou com um número significativo de emissões, com volumes expressivos, apesar da crise político-econômica que o Brasil vivenciou.

Nos anos de 2016 e 2017, o número de emissões manteve-se estável, em 2018, ano de eleições presidenciais no

Brasil, houve uma queda no número de emissões, possivelmente em decorrência da instabilidade política que o país passou. Já em 2019, houve uma queda brusca no número de emissões, haja vista que o novo presidente estava assumindo a presidência no Brasil e o mercado ainda estava inseguro, e, entre 2021 e 2022 o número de emissões praticamente manteve-se estável, apesar da pandemia da COVID.

A partir de 2023, em decorrência da entrada em vigor da Resolução CVM nº 160/2022, que permitiu as ofertas públicas de distribuição de cotas FIDCs ao público em geral e também com a permissão do registro automático das ofertas públicas de cotas de fundo de investimento fechado perante a CVM (dentre eles o FIDC), desde que destinadas somente aos investidores profissionais e qualificados, da entrada em vigor da Resolução CVM 175/2022 e de todos os benefícios tributários para o cedente, estruturais advindos da estrutura do FIDC, conforme já abordados anteriormente, houve um aumento substancial de emissões públicas a partir de 2023 e o número de emissões públicas de cotas de FIDCs mais do que duplicou em 2024, quando comparado a 2023, conforme tabela constante do Quadro 3.3.

Quadro 3.2. – Volume de emissões públicas de cotas de FIDCs na CVM (em R$ milhões)

Ano	Ofertas públicas primárias de Cotas de FIDC Registradas na CVM		Ofertas públicas de Cotas de FIDCs Dispensadas de registro na CVM/ Rito de Registro Automático (a partir 02/01/2023)	
	Número de Emissões	**Volume**	**Número de Emissões**	**Volume**
2003	11	1.540.000.000,00	7	60.000.000,00
2004	32	5.134.650.000,00	11	100.000.000,00
2005	46	8.579.125.001,54	17	233.478.359,00
2006	63	12.777.399.200,00	13	1.484.600.000,00
2007	65	9.961.555.677,83	32	2.132.295.171,16
2008	63	10.020.850.000,00	67	2.659.184.102,90
2009	27	8.212.657.727,10	33	1.223.836.307,64
2010	33	10.233.600.000,00	27	2.065.400.000,00
2011	24	7.128.150.575,00	1	50.000.000,00
2012	16	3.917.750.000,00	8	160.600.000,00
2013	11	3.541.326.000,00	0	0
2014	11	1.796.195.500,00	2	100.000.000,00
2015	7	2.937.646.780,51	0	0
2016	7	901.112.134,94	0	0
2017	7	2.345.188.997,28	0	0
2018	4	1.165.000.082,67	0	0
2019	1	1.000.000.053,34	0	0
2020	5	4.761.656.036,01	3	5.006.700.000,00
2021	3	473.997.000,00	2	110.000.000,00
2022	3	2.599.999.947,74	0	0
2023	0	0	661	46.813.807.267,08
2024	0	0	1722	138.366.226.673,72
2025	0	0	90	10.600.796.850,50

Fonte: *Informativo CVM*. Disponível em: sistemas.cvm.gov.br. Acesso em: 5 out. 2023.
web.cvm.gov.br/sre-publico-cvm/#/consulta-oferta-publica. Acesso em: 12 de maio de 2025.

Quadro 3.3. – Volume de Emissões de cotas de FIDCs – Rito Automático de Registro – Res CVM nº 160/2022

Ano	Ofertas públicas de Cotas de FIDCs - Rito Automático - Res CVM 160/2022	
	Número de Emissões	**Volume**
2023	566	27.544.709.983,08

Fonte: Consultas Ofertas Públicas. Disponível em: web.cvm.gov.br/ser-publico-cvm/#/consulta-oferta-pública. Acesso em: 5 out.2023

Com a entrada em vigor da Resolução CVM nº 160/2022 que instituiu um novo regime de ofertas públicas, a saber, o rito automático de registro de ofertas perante a CVM, mediante o qual a oferta não é analisada previamente pela CVM e pode ser distribuída automaticamente, desde que determinados requisitos prévios sejam cumpridos (e.g. protocolos de documentos perante a CVM, pagamentos de taxas, público alvo restrito e se determinados requisitos sejam atendidos), admitindo-se tal rito automático para as ofertas de cotas de classe fechada de FIDC[151], em 2023, as ofertas públicas de classe fechada de FIDC praticamente migraram para o rito automático de oferta, conforme demonstra o Quadro 3.3. acima.

Com o advento da crise financeira econômica de 2008, resultante da turbulência no mercado norte-americano, em razão, dentre outros motivos, dos créditos *subprimes*, que, por sua vez, desencadeou uma crise econômica e de liquidez

151 Art. 26, inciso VI da Resolução CVM 160/2022.

mundial, houve opiniões segundo as quais essa crise poderia significar um marco importante de crescimento dos FIDCS, uma vez que a insegurança dos investidores nesse momento de instabilidade econômica os conduziria à renda fixa[152].

Todavia, não foi isso que ocorreu. Nota-se, pelo Quadro 3.2. apresentado, que houve uma queda brusca do número de emissões de 2008 para 2009. Infere-se, diante desse quadro, que os investidores se sensibilizaram com a crise econômica e de liquidez mundial ocorrida em 2008, o que gerou determinado pânico financeiro e, consequentemente, as estruturas financeiras mais sofisticadas, dentre elas, as captações mediante as emissões de FIDCs sofreram um impacto negativo em 2009 com a referida crise.

Não obstante o apontado, há relevantes aspectos a serem levados em consideração, os quais viabilizam o crescimento da economia do País, ao sustentar que os FIDCs provêm as empresas de recursos necessários ao seu capital de giro, ou seja, **criam liquidez** às empresas detentoras de direitos, frutos do desenvolvimento de suas atividades, que, em contrapartida, recebem retorno financeiro imediato, mediante a antecipação de suas receitas, ao efetuar a cessão de crédito ao fundo, propiciando a realização de maiores investimentos no curto prazo, e assim sucessivamente, aumentando o seu crescimento e mobilizando ativamente a economia. A **trans-**

152 Dados extraídos de Anaya, Márcio. Fundos de Investimento em Direitos Creditórios (FIDCs) ampliam retorno e podem ganhar cotistas em meio à turbulência. Revista Valor Investe, Crédito Blindado.

ferência de riscos é outro aspecto que influi de modo positivo na economia, haja vista que empresas reprováveis pelos bancos, em se tratando de crédito, passam a ter acessibilidade aos recursos de que necessitam, uma vez que o risco do FIDC em rigor passa a ser o risco de crédito dos devedores dos direitos de crédito que compõem a carteira do fundo.

Em um contexto de efetivo crescimento da economia brasileira, diante dos objetivos do governo de aprimorar os investimentos em infraestrutura, com a criação de meios de financiamento no longo prazo dos projetos de investimentos, foi sancionada, em 24 de junho de 2011, a Lei nº 12.431. Essa lei permitiu a emissão de debêntures por sociedade de propósito específico, cujos recursos oriundos de sua liquidação serão utilizados pela emissora destas em projetos de infraestrutura, ou de produção econômica intensiva em pesquisa, desenvolvimento e inovação, considerados como prioritários na forma regulamentada pelo poder executivo federal e os investidores nacionais pessoas físicas e pessoas residentes ou domiciliadas no exterior (exceto em país que não tribute a renda ou que a tribute à alíquota máxima inferior a 20%) que subscreverem e integralizarem as debêntures dessa espécie estarão sujeitos à alíquota zero do imposto sobre a renda atinente aos rendimentos oriundos das aludidas debêntures e as pessoas jurídicas sujeitas à alíquota de 15% (quinze por cento), quando tributadas com base no lucro real, presumido ou arbitrado[153].

Em 19 de julho de 2013, o governo federal, perseguindo os mesmos objetivos ao instituir as debêntures de infraestrutura, qual seja, o de elevar os investimentos privados em infraestrutura e inovação, estendeu os benefícios fiscais mencionados há pouco aos investidores residentes ou domiciliados no exterior e às pessoas físicas residentes e domiciliadas no Brasil adquirentes das cotas emitidas pelos fundos de investimento em direitos creditórios, por intermédio da edição da Lei nº 12.844, conforme será abordado a seguir.

Com a referida lei, foi reduzida a zero a alíquota do imposto sobre a renda incidente sobre os rendimentos auferidos pelo investidor residente ou domiciliado no exterior, exceto em país que não tribute a renda ou que a tribute à alíquota máxima inferior a 20%, em face da aquisição por este de cotas de fundos de investimento em direitos creditórios de classe fechada, cujos recursos sejam direcionados pelo cedente a projetos de pesquisa, desenvolvimento e inovação[154]. Ainda, o cedente dos direitos creditórios integrantes da carteira dos FIDCs devem não ser instituição financeira e será necessário observar as seguintes condições: (i) o FIDC deve possuir prazo de duração mínimo de seis anos; (ii) deverá ser vedado o pagamento total ou parcial do principal das cotas nos dois

---

153 Art. 1º e 2º, incisos I e II da Lei nº 12.431, de 24 de junho de 2011.

154 Art. 1º, inciso II da Lei n. 12.431, de 24 de junho de 2011

primeiros anos a partir da data de encerramento da oferta pública de distribuição de cotas do FIDC, exceto nas hipóteses de liquidação antecipada deste, previstas em seu regulamento; (iii) deverá ser vedada a aquisição de cotas pelo originador, cedente ou por partes a eles relacionadas, exceto quando se tratar de cotas cuja classe se subordine às demais para efeito de amortização e resgate; (iv) o prazo de amortização parcial de cotas, inclusive as provenientes de rendimentos, deverá ter intervalo de, no mínimo, cento e oitenta dias; (v) deverá haver comprovação de que as cotas estejam admitidas a negociação em mercado organizado de valores mobiliários, ou registrados em sistema de registro devidamente autorizado pelo Banco Central do Brasil ou pela CVM; (v) deverá haver comprovação de alocação dos recursos obtidos com a operação em projetos de investimento destinados à pesquisa, desenvolvimento e inovação; e (vi) deverá(ão) constar do contrato de cessão, do regulamento e do prospecto, se houver: (a) o(s) objetivo do(s) projeto(s) beneficiado(s); (b) o prazo estimado para seu início e encerramento ou, para os projetos em andamento, a descrição da fase em que se encontram e a estimativa do seu encerramento; (c) o volume estimado dos recursos financeiros necessários para a realização do projeto ou projetos não iniciados ou para a conclusão dos já iniciados; e (d) o percentual que o cedente estima captar com a venda dos direitos creditórios ao FIDC, diante das necessidades de recursos financeiros do(s) projeto(s) beneficiado(s); e (vii) o patrimônio líquido do FIDC deverá ter um índice mínimo de 85% em direitos creditórios, e a parcela restante poderá ser composta por títulos públicos federais, operações compromissadas lastreadas em títulos públicos federais ou cotas de fundos de investimento que invistam em títulos públicos federais[155].

Os FIDCs destinados a projetos de investimento têm como uma de suas grandes vantagens a possibilidade de adquirir até 100% de seu patrimônio líquido em créditos devidos por uma mesma pessoa jurídica ou transferidos por um mesmo cedente ou de empresas pertencentes ao mesmo grupo econômico, e, por essa razão, poderão representar um mecanismo eficiente para aquisição, pelo FIDC, de debêntures de infraestrutura regidas pela Lei nº 12.431, de 24 de junho de 2011[156].

Adicionalmente, a Lei nº 12.431 beneficiou em termos tributários os investidores pessoas físicas ou jurídicas residentes ou domiciliadas no País adquirentes de cotas de emissão de fundo de investimento em direitos creditórios, constituídos na forma de classe fechada, relacionados à captação de recursos com vistas a implementar projetos de investimento na área de infraestrutura, ou de produção econômica intensiva em pesquisa, desenvolvimento e inovação, considerados como prioritários pelo respectivo ministério, mediante aplicação da alíquota zero do imposto de renda para as aludidas

155 Art. 1°, § 1°-A da Lei n. 12.431, de 24 de junho de 2011

156 Art. 1°, §1º-D. da Lei no 12.431, de 24 de junho de 2011- §1º –D: "Para fins do disposto neste artigo, os fundos de investimento em direitos creditórios e os certificados de recebíveis imobiliários podem ser constituídos para adquirir recebíveis de um único cedente ou devedor ou de empresas pertencentes ao mesmo grupo econômico."

pessoas físicas e a alíquota de 15% para as pessoas jurídicas tributadas pelo lucro real, presumido ou arbitrado, isentas ou optante pelo regime simples (Simples Nacional), sobre os rendimentos auferidos com as cotas dos FIDCs[157].

9. ASPECTOS CONTÁBEIS RELEVANTES

A grande vantagem contábil para a empresa originadora em uma operação de FIDC é que em alguns FIDCs, em que não haja nenhum mecanismo de mitigação de riscos de crédito relacionado aos direitos creditórios cedidos ao fundo, qualquer garantia da cedente e/ou quaisquer mecanismos de compensação das perdas de crédito associadas aos direitos creditórios[158], os ativos, em geral ilíquidos (imobilizados), são retirados do balanço patrimonial da empresa, da conta "Clientes a Receber", quando se realiza a cessão de créditos ao fundo, e, em contrapartida, há entrada de caixa na empresa, o qual fica registrado como ativo circulante, decorrente do pagamento efetuado pelo fundo do preço do crédito cedido, viabilizando, dessa forma, o capital de giro da empresa originadora.

Outra vantagem trazida pelos FIDCs[159], conforme aponta Santana, é que a captação de recursos por meio de cessão de direitos creditórios para um FIDC permite que a empresa se

157 Art. 2, inciso I e II da Lei n. 12.431/2011.

158 O assunto será abordado com mais detalhes adiante, neste item.

159 Santana, Rogério de Araújo. O fundo de investimento em direitos creditórios como alternativa de financiamento: 2001–2005, f. 40.

financie sem a necessidade de contratação de novas dívidas. Ainda segundo o autor, o nível de endividamento é um dos determinantes do risco de falência de uma empresa, de forma que, por não onerar o seu passivo, a securitização de recebíveis não deve afetar a capacidade dessa empresa em conseguir novos empréstimos bancários.

O FIDC e suas classes de cotas devem ter escrituração contábil próprias, devendo as suas contas e demonstrações contábeis ser segregadas entre si, assim como segregadas das demonstrações contábeis dos prestadores de serviço essenciais[160].

As demonstrações contábeis do FIDC e de suas classes de cotas deverão ser elaboradas e divulgadas de acordo com as normas contábeis expedidas pela CVM e serão auditadas anualmente por auditor independente registrado na CVM[161].

O exercício social do fundo de investimento deve ser encerrado a cada doze meses, quando devem ser levantadas as demonstrações contábeis do fundo e, se houver, de suas classes de cotas, todas relativas ao mesmo período findo[162].

Em 14 de janeiro de 2011, foi editada pela CVM a Instrução CVM nº 489, com a finalidade precípua de padronizar as demonstrações financeiras aplicáveis aos fundos de investimento em direitos creditórios — FIDC — e de adotar práticas

---

160 Art. 66 da Resolução CVM nº 175/2022.

161 Art. 68 e 69 da Resolução CVM nº 175/2022.

162 Art. 67 da Resolução CVM nº 175/2022.

contábeis alinhadas com as normas internacionais de contabilidade (IFRS), emitidas pelo *International Accounting Standards Board* (IASB)[163].

O objetivo neste item é discorrer sobre os principais conceitos trazidos pela Instrução CVM nº 489, sem se aprofundar nos aspectos técnicos contábeis constantes da referida norma.

No contexto dos principais objetivos da Instrução CVM nº 489 retrocitados, os FIDC, Fundos de Investimento em Cotas de Fundos de Investimento em Direitos Creditórios - FIC-FIDC devem aplicar os critérios contábeis de reconhecimento, classificação e mensuração dos ativos e passivos, bem como os de reconhecimento de receitas e apropriação de despesas, previstos nas normas contábeis emitidas pela CVM aplicáveis às companhias abertas[164].

A norma em referência criou duas classificações contábeis para os FIDC, para fins de registro contábil: "operações com aquisição substancial dos riscos e benefício" e "operações sem aquisição substancial dos riscos e benefícios". Na primeira classificação, estão enquadrados os FIDCs que adquirem substancialmente todos os riscos e benefícios dos di-

163 DELOITTE – FIDC. Disponível em: <http://www.abbc.org.br/abbc/web/arquivos/ forum_abbc_instrucao_cvm_489.pdf>. Acesso em: 27 maio 2012.

164 Art. 2 da Instrução CVM n. 489/2011. De acordo com o estudo realizado pela Deloitte, os FIDCs deverão seguir os seguintes pronunciamentos técnicos emitidos pelo Comitê de Pronunciamentos Contábeis – (CPC): CPC 30 – Receitas; CPC 38 – Instrumentos financeiros: Reconhecimento e Mensuração; CPC 39 – Instrumentos financeiros: Apresentação; e CPC 40 – Instrumentos financeiros: Evidenciação (ibidem).

reitos creditórios cedidos ao fundo, e, consequentemente, há a baixa dos referidos direitos creditórios nos registros contábeis do cedente. As operações em que o fundo não adquire substancialmente todos os riscos e benefícios dos direitos creditórios cedidos ao fundo e, consequentemente, não há a baixa do direito creditório nos registros contábeis do cedente encontram-se na segunda classificação[165].

Depreende-se, dos conceitos apresentados, que sempre que o cedente reter para si garantia de retorno mínimo das cotas do FIDC ou o risco de crédito e/ou de mercado dos direitos creditórios, bem como quando houver no FIDC qualquer mecanismo que objetive mitigar o risco de crédito dos direitos creditórios cedidos ao fundo, o FIDC deverá ter a classificação em seus registros contábeis como "operações sem aquisição

---

165 De acordo com o art. 3 da Instrução CVM n. 489/2011, estão enquadradas na classificação "operações com aquisição substancial dos riscos e benefício": a) cessão incondicional de direito creditório incluindo o direito de vendê-lo pelo valor justo, em sua totalidade, de forma autônoma e sem imposição de restrições adicionais à operação de venda; e b) cessão de direito creditório em conjunto com opção de revenda pelo valor justo no momento da revenda. Na classificação "operações sem aquisição substancial dos riscos e benefício" encontram-se: a) cessão de direito creditório em conjunto com compromisso de revenda do mesmo ativo a preço fixo ou preço de compra adicionado de quaisquer rendimentos; b) cessão de direito creditório em conjunto com operações de derivativos ou seguros nas quais o cedente ou parte relacionada garanta um retorno mínimo a quaisquer classes de cotas ou transfira a exposição ao risco de mercado ou de crédito de volta ao cedente ou parte relacionada; c) cessão de direitos creditórios para os quais o cedente ou parte relacionada garanta, por qualquer forma, inclusive com a aquisição de cotas subordinadas, compensar o fundo, no mínimo, pelas perdas de crédito prováveis de ocorrer; e d) quaisquer outros mecanismos, fora das condições normais de mercado, que visem mitigar a exposição ao risco de mercado ou de crédito do fundo, como recompra, substituição ou permuta de direitos creditórios ou, ainda, aporte de cotas subordinadas pelo cedente ou parte relacionada, de forma recorrente ou sistemática.

substancial dos riscos e benefício", e, por essa razão, não poderá haver a baixa dos direitos creditórios do ativo da cedente, conforme manifestação da Superintendência de Normas Contábeis e de Auditoria (SNC) da CVM transcrita a seguir:

> Quando o cedente do direito creditório adquire cotas subordinadas do fundo em montante igual ou superior às perdas esperadas da carteira transferida, ele está retendo, integral ou substancialmente, os riscos e benefícios dos ativos transferidos. Do ponto de vista estritamente econômico e financeiro, o cedente continua exposto integral ou substancialmente aos riscos e benefícios da carteira transferida, o que impossibilita a baixa do direito creditório do seu ativo e, por consequência, o reconhecimento no ativo do fundo. Este conceito está preconizado no CPC 38 (IAS 39) aprovado pela Deliberação CVM nº 604.[166]

O administrador do FIDC deverá avaliar se houve ou não aquisição, pelo FIDC, dos riscos e benefícios inerentes ao direito creditório, quando tal aquisição não for evidente. Para tanto, verificar-se-á o grau de exposição do fundo à variação

---

166 RELATÓRIO DE ANÁLISE – SNC. Processo RJ 2009/12393 – Audiência Pública SNC Fundos nº 01/2010. (Disponível em: < www.cvm.gov.br>. Acesso em: 27 mar. 2013.

do fluxo de caixa esperado dos direitos creditórios e, se o grau aferido for relevante, concluir-se-á que o fundo adquiriu os riscos e benefícios relacionados aos direitos de crédito[167].

Nesse sentido, a SNC menciona que o valor de um ativo é medido pela capacidade de geração de fluxo de caixa à entidade que o detém e que, no caso de títulos de crédito (direito creditório), seu valor é medido pelo fluxo de caixa esperado que será recebido durante o prazo de duração do papel. Salienta, no entanto, que o artigo 4 da Instrução CVM nº 489/2011 não obriga o administrador a utilizar a referida metodologia, desde que o emprego de outra forma seja justificado[168].

Quando o registro contábil das operações em que a aquisição substancial dos riscos e benefícios sobre os direitos creditórios não possa ser definida objetivamente, o registro contábil do ativo deverá ser feito nas duas contas, quais

---

167 O art. 4, parágrafos primeiro e segundo, da Instrução CVM no 489/2011 estabelece que o fundo adquire substancialmente todos os riscos e benefícios de propriedade do direito creditório objeto da operação de transferência quando sua exposição à variação no fluxo de caixa esperado associado ao direito creditório objeto da operação seja relevante. No entanto, de acordo com o citado artigo, o fundo não está substancialmente exposto à variação do fluxo de caixa esperado associado ao direito creditório quando o cedente ou parte relacionada, em relação à operação de cessão, assumir obrigação não formalizada ou quando garantir, por qualquer outra forma, compensar as perdas de crédito associadas ao direito creditório objeto da operação, inclusive com a aquisição de cotas subordinadas do fundo em montante igual ou superior às perdas esperadas associadas ao direito creditório.

168 [RELATÓRIO DE ANÁLISE – SNC. Processo RJ 2009/12393 – Audiência Pública SNC Fundos no 01/2010. (Disponível em: <www.cvm.gov.br>. Acesso em: 27 mar. 2012.). Art. 4º da Instrução CVM nº 489/2011: "A avaliação quanto à aquisição ou não dos riscos e benefícios de propriedade do direito creditório é de responsabilidade da instituição administradora, devendo ser estabelecida com base em critérios consistentes e passíveis de verificação, utilizando-se como metodologia, preferencialmente, o nível de exposição do fundo à variação no fluxo de caixa esperado associado ao direito creditório objeto da operação."

sejam, na conta representativa de direitos creditórios com aquisição substancial de riscos e benefícios, na proporção correspondente aos riscos e benefícios dos direitos creditórios transferidos ao fundo, e na conta representativa de direitos creditórios sem aquisição substancial de riscos e benefícios, na proporção correspondente aos riscos e benefícios dos direitos creditórios não transferidos ao fundo[169].

Vale destacar que a Instrução CVM nº 489/2011 permite a reclassificação contábil dos ativos registrados na conta sem aquisição substancial de riscos e benefícios para conta com aquisição substancial de riscos e benefícios, quando, por exemplo, absorvidas as cotas subordinadas pelas perdas de créditos esperadas da carteira e o cedente não se mostre disposto a honrar perdas extraordinárias que porventura possam ocorrer. Nesse caso, o fundo passa a ficar exposto ao risco de crédito do sacado da carteira, ensejando a aludida reclassificação, desde que as condições dispostas na Instrução CVM nº 489/2011 sejam atendidas[170].

Por fim, é pertinente salientar que o administrador do FIDC deverá enviar informe mensal à CVM — na forma constante do Anexo A à Instrução CVM nº 489/2011 —, e, em até noventa dias após o encerramento do exercício social ao qual se refiram, as demonstrações financeiras anuais do fundo,

---

169 Art. 7º da Instrução CVM nº 489/2011.

170 RELATÓRIO DE ANÁLISE – SNC. Processo RJ 2009/12393 – Audiência Pública SNC Fundos nº 01/2010. (Disponível em: < www.cvm.gov.br>. Acesso em: 27 maio 2012.)

acompanhadas do parecer do auditor independente, observada a estrutura mínima constante dos anexos à Instrução CVM nº 489/2011[171].

Conclui-se que, com a edição pela CVM da Instrução CVM nº 489, houve a regulamentação e padronização das normas contábeis dos FIDCs aos parâmetros de contabilidade utilizados para as companhias abertas, mas ao mesmo tempo foi suprimida uma das principais vantagens até então existente nas emissões de cotas de FIDCs consistente na retirada dos direitos creditórios do balanço da cedente ao realizar uma cessão ao FIDC em que a cedente presta garantias ou em que há mecanismos que mitigam os riscos de crédito e de mercado inerentes aos direitos creditórios cedidos ao FIDC — desoneração do balanço da cedente —, vantagem essa que levava muitas empresas até então a optarem pelos FIDCs em detrimento de outras formas de securitização existentes.

Ainda, sob a ótica dos investidores, a manutenção do registro dos direitos creditórios no ativo da empresa cedente pode causar certo desconforto e insegurança aos investidores, já que, ao realizar uma cessão, pela empresa cedente, dos direitos creditórios aos FIDCs, o raciocínio imediato do investidor traduz-se na imediata retirada dos direitos cedidos do ativo da empresa cedente e, por consequência, o ativo — direitos creditórios — passaria a pertencer ao FIDC e, portanto, deveria estar registrado no ativo do fundo. Todavia,

171 Art. 17º da Instrução CVM n. 489/2011.

esse trâmite não ocorrerá mais em face da edição da Instrução CVM no 489/2011, conforme disposto neste item.

10. CESSÃO DE CRÉDITOS

Cessão de crédito é negócio jurídico bilateral, pelo qual o credor (cedente) transfere a outrem (cessionário) seus direitos na relação obrigacional. O devedor do crédito cedido não participa necessariamente da cessão, que pode ser realizada sem a sua anuência[172].

Segundo posição defendida por Maria Helena Diniz, o devedor do crédito cedido não intervém no negócio jurídico, pois sua anuência é dispensável, sendo suficiente que se lhe comunique a cessão[173], a fim de que ele possa tomar conhecimento do legítimo detentor do crédito e então pagar-lhe a prestação devida no momento oportuno[174]. Diniz salienta que, no entanto, a notificação é *conditio sine qua non* para eficácia da cessão de crédito, mas será dispensada se o devedor, por instrumento público ou particular, se declarar ciente da cessão realizada.

---

172 Gonçalves, Carlos Roberto. Direito civil brasileiro. Teoria geral das obrigações. 2. ed. São Paulo: Saraiva, 2006. v. II, p. 200.

173 Segundo dispõe o art. 290 do Código Civil: "A cessão do crédito não tem eficácia em relação ao devedor, senão quando a este notificada; mas por notificado se tem o devedor que, em escrito público ou particular, se declarou ciente da cessão feita".

174 Diniz, Maria Helena. Curso de direito civil brasileiro. Teoria geral das obrigações. 21. ed. São Paulo: Saraiva, 2006. v. 2, p. 463.

Assim ocorre nos FIDCs; especialmente quando se trata de muitos devedores, estes são normalmente notificados por correspondência via correio e o AR ("aviso de recebimento") emitido pelos correios atesta a ciência do devedor em relação à cessão de créditos realizada ou até mesmo mediante envio de boleto bancário, do qual conste que os títulos foram cedidos ao fundo, sem a necessidade de os devedores dos direitos de crédito assinarem a notificação que lhes foi enviada cientificando-lhes acerca da cessão de créditos realizada ao FIDC.

Considerando que os direitos creditórios lastros para os FIDCs devem ser escriturados/registrados perante as entidades registradoras/escrituradoras, o sistema eletrônico de escrituração das duplicatas escriturais que representam os direitos creditórios cedidos ao FIDC que fará o envio da notificação ao sacado de tais duplicatas/devedor dos recebíveis[175].

Ressalte-se, porém, que é de suma importância os devedores tomarem ciência da cessão de crédito realizada, na medida em que a lei os protege, dispondo que se o devedor pagar o credor primitivo, o pagamento será bem-feito, pois o devedor não tinha conhecimento da cessão realizada[176].

---

175 Art. 3º da Resolução BCB 339, de 24 de agosto de 2023: "O sistema eletrônico de escrituração de duplicatas escriturais deve propiciar, no mínimo, a oferta dos seguintes serviços referentes às duplicatas por meio dele escrituradas:
V - notificar o sacado da transferência da titularidade da duplicata escritural ou da constituição de gravame e ônus sobre ela."

176 Dispõe o art. 292 do Código Civil: "Fica desobrigado o devedor que, antes de ter conhecimento da cessão, paga ao credor primitivo, ou que, no caso de mais de uma cessão notificada, paga ao cessionário que lhe apresenta, com o título de cessão, o da obrigação cedida; quando o crédito constar de escritura pública, prevalecerá a prioridade da notificação".

A cessão de crédito pode ser gratuita ou onerosa. A cessão de crédito realizada nos FIDCs é uma cessão onerosa, haja vista que o fundo cessionário — paga ao cedente um valor pelos créditos recebidos da empresa originadora — cedente —, descontado a uma taxa de desconto.

A cessão de créditos pode, ainda, ser total ou parcial. É total quando o cedente titular dos créditos transfere 100% destes; e parcial quando transfere apenas parcela do crédito, permanecendo o credor original com a outra parcela.

Poderá a cessão ser convencional, legal ou judicial. É convencional a cessão decorrente de livre vontade das partes, e legal aquela resultante de determinação legal, como, por exemplo, a sub-rogação legal de uma terceira pessoa (como o fiador) nos direitos do credor original, pelo fato de ter honrado a fiança prestada. A cessão judicial resulta, como o próprio nome sugere, de decisão judicial, tal como a de adjudicação no juízo divisório.

São requisitos da cessão de crédito: (i) por se tratar de negócio jurídico bilateral, é necessária a capacidade das partes, objeto lícito, possível, determinado ou determinável e forma prescrita ou não defesa em lei[177]; (ii) capacidade para os atos de alienação, ilustrando, a título de exemplo, que o falido não tem capacidade para ceder o crédito, salvo se houver autori-

---

177 Dispõe o art. 104ndo Código Civil que a validade do negócio jurídico requer:
"I – agente capaz;
II – objeto lícito, possível, determinado ou determinável;
III – forma prescrita ou não defesa em lei".

zação judicial; (iii) o objeto da cessão seja passível de ser cedido[178]. A esse propósito, Diniz[179] exemplifica situações em que o crédito não é passível de ser cedido, conforme a seguir: (i) quando a natureza da obrigação por si só não permitir a cessão, tal como ocorre nos créditos oriundos de direitos personalíssimos, e os créditos acessórios, sem a transferência do principal; (ii) quando a lei vedar a cessão, como por exemplo, não podem ser cedidos créditos já penhorados; (iii) quando for convencionado com o

devedor a vedação quanto à cessão dos créditos, a qual, segundo a autora, torna personalíssima a obrigação.

Diante do exposto acima, é de suma importância o trabalho desempenhado pelo gestor/consultoria especializada no tocante à verificação dos contratos dos quais decorrem os direitos de crédito cedidos ao fundo, a fim de que o mesmo verifique se em tais contratos não há qualquer vedação contratual para a cessão dos direitos creditórios a terceiros ao fundo.

A cessão de créditos abrange os acessórios da dívida, como o direito à percepção de juros, os encargos incidentes sobre o valor principal de uma dívida e todas as garantias vinculadas à obrigação principal[180], salvo se as partes tive-

---

178 Conforme disposto no art. 286 do Código Civil: "O credor pode ceder o seu crédito, se a isso não se opuser a natureza da obrigação, a lei, ou a convenção com o devedor; a cláusula proibitiva da cessão não poderá ser oposta ao cessionário de boa-fé, se não constar do instrumento da obrigação".

179 Diniz, Maria Helena. Curso de direito civil brasileiro. Teoria geral das obrigações, v. 2, p. 469.

180 Reza o art. 287 do Código Civil: "Salvo disposição em contrário, na cessão de um crédito abrangem-se todos os seus acessórios".

rem estipulado que os acessórios não farão parte do objeto da cessão. A legislação não exige solenidade para que se realize a cessão de crédito, sendo o contrato de cessão simplesmente consensual, pois torna-se perfeito e acabado com o acordo de vontade entre o cedente e o cessionário, não exigindo a tradição do documento para se aperfeiçoar[181]. Para que a cessão de crédito seja eficaz contra terceiros, no entanto, é necessário que seja celebrada mediante instrumento público ou particular, e, neste último caso, deve ser registrado no Cartório de Registro de Títulos e Documentos competente a fim de que produza eficácia *erga omnes182*.

A cessão de créditos produz os efeitos apontados a seguir. (i) Em relação ao cedente e ao cessionário, o cedente não responde pela solvência do devedor do crédito, salvo se houver estipulação em contrário, hipótese em que a cessão é denominada por alguns doutrinadores como cessão *pro solvendo183*. Responde, todavia, pela existência do crédito na cessão a título oneroso, sendo nas cessões a título gratuito responsável apenas se houver procedido de má-fé, respon-

---

181 Gonçalves, Carlos Roberto. Direito civil brasileiro. Teoria geral das obrigações, v. II, p. 201.

182 Estabelece o art. 288 do Código Civil: "É ineficaz, em relação a terceiros, a transmissão de um crédito, se não celebrar-se mediante instrumento público, ou instrumento particular revestido das solenidades do §1º do art. 654". Ainda, de acordo com o art. 129, inc. 9, da Lei no 6.015, de 31 de dezembro de 1973: "Estão sujeitos a registro, no Registro de Títulos e Documentos, para surtir efeitos em relação a terceiros: [...] 9o) os instrumentos de cessão de direitos e de créditos, de sub-rogação e de dação em pagamento."

183 Dispõe o art. 296 do Código Civil: "Salvo estipulação em contrário, o cedente não responde pela solvência do devedor".

dendo o cedente também pela validade do crédito[184], mas não responde pela eficácia de uma garantia vinculada ao crédito cedido, por exemplo. Se, portanto, a empresa originadora em um FIDC cede ao fundo um crédito que ainda não existe, esta se responsabiliza por sua existência, sob pena de a cessão ser declarada nula por falta de objeto. (ii) Em relação ao devedor, se o crédito for penhorado e ele não tiver sido notificado do ato, será válido o pagamento por ele efetuado, haja vista ter agido de boa-fé[185]. Caso haja vários cessionários, o devedor deverá pagar àquele que lhe apresentar o título/contrato que consubstanciou o crédito. Por fim, o devedor, quando tomar ciência da cessão, poderá opor contra o cedente as exceções pessoais (defesas) que lhe competirem[186], como, por exemplo, a de que já houve pagamento do débito ou compensação, sob pena de, se não se manifestar, declarar pagar ao cessionário a prestação devida.

184 Conforme o art. 295 do Código Civil: "Na cessão por título oneroso, o cedente, ainda que não se responsabilize, fica responsável ao cessionário pela existência do crédito ao tempo em que lhe cedeu; a mesma responsabilidade lhe cabe nas cessões por título gratuito, se tiver procedido de má-fé".

185 Diniz, Maria Helena. Curso de direito civil brasileiro. Teoria geral das obrigações, v. 2, p. 474.

186 Art. 294 do Código Civil: "O devedor pode opor ao cessionário as exceções que lhe competirem, bem como as que, no momento em que veio a ter conhecimento da cessão, tinha contra o cedente".

CONCLUSÃO

O fundo de investimento em direitos creditórios (FIDC), a despeito de ainda ser considerado um produto complexo e da insegurança jurídica existente como decorrência da escassez de jurisprudência, contribuiu — e decerto contribuirá — com o desenvolvimento da indústria de securitização no Brasil, haja vista a necessidade de captação de recursos pelas empresas, o elevado custo do crédito bancário e o racionamento deste em razão da crise econômico-financeira global hodierna.

Ademais, com a edição da Lei nº 12.431/2011, os FIDCs vinculados aos projetos de infraestrutura, pesquisa, desenvolvimento e inovação propiciarão às empresas um meio de captação de longo prazo, conforme objetivos perseguidos pelo governo federal brasileiro, qual seja, elevar o investimento em infraestrutura e inovação e, ao mesmo tempo, conceder tratamento tributário privilegiado aos investidores que adquirirão cotas dos FIDCs dessa modalidade.

Em face das exigências regulamentares e da participação de instituições experientes e de boa reputação para estruturação dos fundos, o FIDC contribui para que essa operação seja bem-estruturada e, por consequência, considerada segura e eficaz, tanto para a empresa originadora dos direitos de crédito cedidos ao fundo quanto para os investidores que desejem investir seus recursos em fontes que propiciem segurança e boa rentabilidade, a despeito dos riscos inerentes a qualquer investimento, os quais devem ser avaliados de maneira criteriosa pelo investido.

A segurança em tela foi, por certo, reforçada com a edição, pela CVM, em 2013, da Instrução CVM nº 531, ao definir e segregar o escopo de atuação de cada um dos prestadores de serviços ao fundo, aumentando e delineando suas responsabilidades, com o propósito de coibir o conflito de interesses dos aludidos prestadores, bem como impor a criação e publicação de regras e controles internos ao administrador — denominado pela nova regulamentação da CVM como "prestador de serviço essencial" — e ao custodiante, obrigando-os a diligenciar o cumprimento das obrigações assumidas por terceiros por eles contratados, e, com isso, permitir ao investidor analisar tais controles, e à CVM, supervisioná-los.

Com a edição, pela CVM, em 23 de dezembro de 2022, da Resolução CVM nº175, houve uma evolução na indústria de FIDCs ao se admitir que o público em geral possa investir nas classes de cotas dos FIDCs, contanto que algumas medidas protetivas sejam cumpridas (e.g. entrega da lâmina atualizada pelo administrador ao investidor, proibição para aquisição de cotas subordinadas pelo público em geral, cronograma claro com as datas de amortização e pagamento dos rendimentos aos cotistas, etc.), mas ao mesmo tempo a CVM aumentou a segurança dos FIDCs, ao estabelecer severas obrigações ao administrador e ao gestor — prestadores de serviços essenciais —, obrigando-os a diligenciar os prestadores de serviços por eles contratados, bem assim suas regras e controles internos — e obrigou a contratação pelo administrador dos serviços de registro de direitos creditórios em entidade registradora autorizada a funcionar pelo Banco Central do Brasil, a fim de diminuir fraudes nos FIDCs e fortalecer a segurança da estrutura.

O FIDC é, em regra, considerado um instrumento de captação a baixos custos para a empresa originadora, já que em geral — e quando não há qualquer espécie de retenção de risco[1] — o risco de crédito avaliado ao se atribuírem as taxas de juros remuneratórios de suas cotas é o risco das devedoras dos direitos de crédito que integram a carteira do fundo — risco esse, em geral muito menor que o da própria empresa originadora, por se tratar de créditos pulverizados. Há, ademais, a diminuição do risco de falência da empresa originadora, o que não ocorreria se esta contraísse um empréstimo bancário, considerando-se que, ao se utilizar do FIDC como instrumento de captação, o índice de endividamento da referida empresa permanece inalterado.

Além de facilitar a captação de recursos, o FIDC possibilita à empresa originadora transferir o risco de crédito atrelado aos direitos de crédito de que é titular aos investidores que

1 Art. 2 do Anexo Normativo II à Resolução CVM n 175/2022: "XXI – retenção de risco: qualquer obrigação contratual ou mecanismo existente no âmbito da operação de securitização, por meio do qual o cedente ou terceiro retenha, total ou parcialmente, o risco de crédito decorrente da exposição à variação do fluxo de caixa dos direitos creditórios da carteira."

vão adquirir as cotas emitidas pelo fundo, por meio da cessão dos aludidos direitos de crédito ao fundo. Por consequência, reduz-se a insegurança da empresa no tocante ao recebimento dos pagamentos futuros, a título de contraprestação dos serviços por ela prestados ou dos produtos que ela vende, uma vez que esses pagamentos serão antecipados à empresa, mediante o pagamento, pelo fundo, do preço relativo à cessão dos direitos de crédito realizada.

Por outra via, com foco nos investidores, a tendência de crescimento da indústria dos FIDCs é alta, sobretudo após a nova regulamentação dos fundos (incluindo os FIDCs) pela CVM ocorrida em 2013, a qual trouxe um aumento no rol de investidores subscritores das cotas dos FIDCs, ao permitir que qualquer investidor possa adquiri-las, a qual significou um marco importante do crescimento dos FIDCs. Isso é corroborado pelo entendimento de especialistas nesse nicho, os quais afirmam que o alívio tributário advindo da Lei nº 12.431/2011 decerto atrai os investidores, até mesmo os investidores pessoas físicas[2]..Com as taxas atrativas oferecidas nos FIDCs, os investidores decerto optarão por essa alternativa de investimento.

---

2 FIDC do BB e Votorantim pode somar R$ 1 bi em patrimônio – 13/06/2014 http://exame. abril.com.br/mercados/noticias/fidc-do-bb-e-votorantim-pode-somar--r-1-bi-em-patrimonio. Acesso em 15 de julho de 20015. De acordo com a citada notícia, o incentivo tributário ajudou a atrair pessoas físicas que responderam pela maior parte dos recursos captados pelo novo fundo batizado como FIDC BB Votorantim Highland Infraestrutura.

Portanto, com a edição pela CVM da nova regulamentação (Resolução CVM Nº 175/2022), possibilitou-se a oferta das cotas dos FIDCs ao público de investidores em geral, desde que observadas as condições já abordadas anteriormente, sendo uma oportunidade para o investidor pessoa física e jurídica não qualificados diversificar os seus investimentos e um potencial aumento do volume de emissões de ofertas públicas de cotas de FIDCs, como já ocorreu em 2023 e 2024, além de possibilitar ao cedente dos créditos ao FIDC mais opções de fontes de captação de recursos.

Passados muitos anos da regulamentação dos FIDCs, no entanto, ainda há certa insegurança dos investidores para ingressarem de vez nesse produto, tendo em vista tratar-se de uma operação relativamente nova em comparação com os demais valores mobiliários existentes, sua estruturação ser complexa para ser compreendida pelo investidor e os documentos que a formalizam serem elaborados *tailor made*, não sendo instrumentos padronizados. Existe, além do exposto, insegurança jurídica no tocante à exequibilidade dos instrumentos contratuais que formalizam a operação do FIDC, à eficácia da cessão de créditos celebrada entre a empresa originadora ao fundo, uma vez que há carência de entendimentos proferidos pelos tribunais a respeito do assunto, sendo a jurisprudência escassa. Outra problemática que pode contribuir para a aludida insegurança diz respeito às instituições contratadas para desempenhar as atividades de estruturação, administração, cobrança e custódia dos FIDCs. As instituições em questão são escassas no mercado, o que pode ensejar o impedimento de um promissor desenvolvimento da indústria dos FIDCs, em razão da possibilidade de as poucas instituições existentes e especializadas não serem suficientes para suportar o crescimento dessa indústria.

Não obstante o exposto, e tendo em vista o ambiente propulsor de um breve crescimento na indústria de FIDCs, espera-se que todos os problemas ora apontados sejam sanados. Espera-se, assim, que haja maior padronização e simplificação dos contratos — os quais passarão a nortear os próximos fundos —, que seja viabilizado o desenvolvimento de um mercado secundário consistente, e que haja um efetivo uso das tecnologias (blockchain, tokenização e moedas digital), e que tais novidades sejam desenvolvidas e em paralelo normatizadas pelas autoridades competentes, e, por conseguinte, que o custo de estruturação deste meio de securitização seja menor, trazendo também uma maior celeridade na estruturação de tais operações. A expectativa é, por conseguinte, que as cotas emitidas por um FIDC tenham maior liquidez no mercado secundário, propiciando, por sua vez, a existência de um universo maior de empresas que se beneficiem desse instrumento como forma de captação de recursos.

Isso alcançado, a existência de maior número de investidores interessados trará maior volume de negócios nesse segmento.

REFERÊNCIAS

Afonso, José da Silva. *Curso de Direito Constitucional Positivo.* 19. ed. São Paulo: Malheiros, 2001.

Almeida, Amador Paes de. *Manual das sociedades comerciais.* 12. ed. rev. e atual. São Paulo: Saraiva, 1999.

Anaya, Márcio. Fundos de investimento em direitos creditórios (FIDCs) ampliam retorno e podem ganhar cotistas em meio a turbulência. *Revista Valor Investe*, ano 6, n. 22, out. 2008. (Crédito Blindado).

Austin rebaixa *rating* de FIDC Silverado. *Valor Econômico*, 12 set. 2011. Caderno de Finanças.

CAMINHA, Uinie. *Securitização.* 2. ed. São Paulo: Saraiva, 2007.

CAPITALIZANDO o problema. *Capital Aberto*, ano 10, n. 114, fev. 2013. Disponível em: <www.capitalaberto.com.br>. Acesso em: 25 mar. 2013.

CÓDIGO de Auto-Regulação da Anbid para as Ofertas Públicas de Distribuição e Aquisição de Valores Mobiliários. Disponível em: <www.anbid.com.br>. Acesso em: 28 dez. 2008.

Cowan, Cameron L. *On behalf of the American Securitization Forum.* Hearing on Proctecting Homeowners: Preventing Abusive Lending While Preserving Access to Credit. Disponível em:<http://financialservices.house.gov/media/pdf>. Acesso em: 29 mar. 2012. DELOITTE – FIDC. Dis-

ponível em: <http://www.abbc.org.br/abbc/web/arquivos/forum_abbc_instrucao_cvm_489.pdf>.
Acesso em: 27 maio 2012.

Diniz, Maria Helena. *Curso de direito civil brasileiro*: teoria geral das obrigações. 21. ed. São Paulo: Saraiva, 2006. v. 2.

Diniz, Maria Helena. *Curso de direito civil*: responsabilidade civil. 20 ed. São Paulo: Saraiva, 2006. v. 7.

Dotta, Eduardo Montenegro. *A responsabilidade dos administradores de fundos de investimento no novo Código Civil*. São Paulo: Textonovo, 2005.

Eizirik, Nelson et al. *Mercado de capitais* – regime jurídico. 3. ed. rev. e atual. Rio de Janeiro: Renovar, 2011.

Fagundes, João Paulo F. A. Os fundos de investimento em direitos creditórios à luz das alterações promovidas pela instrução CVM 393. *Revista de Direito Mercantil, Industrial, Econômico e Financeiro*, São Paulo, v. 132, p. 96-105, out./dez. 2003.

Ferreira, Catarina Iazzetti. O papel desempenhado pela CVM na evolução dos fundos de investimento em direitos creditórios no Brasil. In: LIMA NETO, Lucas de (Org.). *Securitização de ativos* – a era da desintermediação financeira. Porto Alegre: Zouk, 2007. (Gainvest Publicações).

FIDC do Cruzeiro do Sul. *Valor Econômico*, 21 set. 2011. Caderno de Finanças.

Fortuna, Eduardo. *Mercado fi o*: produtos e serviços. 16. ed. Rio de Janeiro: Qualitymark, 2005.

Freitas, José Alexandre. O administrador de fundos de investimento em direitos creditórios. In: Lima Neto, Lucas de (Org.). *Securitização de ativos* – a era da desintermediação financeira. Porto Alegre: Zouk, 2007. (Gainvest Publicações).

Freitas, Ricardo de Santos. *Natureza jurídica dos fundos de investimento.* São Paulo: Quartier Latin, 2005.

FUNDOS de investimento. Disponível em: <www.cvm.gov.br>. Acesso em: 11 dez. 2008.

Gaggini, Fernando Schwarz. *Fundos de investimento no direito brasileiro.* São Paulo: Livraria e Editora Universitária de Direito. 2001.

Gaggini, Fernando Schwarz. *Securitização de recebíveis.* São Paulo: Livraria e Editora Universitária de Direito, 2003.

Gazoni, Pedro Luiz; Mollein, Juan. Ratings de operações estruturadas no Brasil. In: Lima Neto, Lucas de (Org.). *Securitização de ativos* – a era da desintermediação financeira. Porto Alegre: Zouk, 2007. (Gainvest Publicações).

Gonçalves, Carlos Roberto. *Direito civil brasileiro*; teoria geral das obrigações. 2. ed. São Paulo: Saraiva, 2006. v. II.

Janger, Edward. Muddy rules for securitizations. 7 *Fordham J. Corp. & Fin.* 301 (2002). Disponível em: <http://works.bepress.com/edward_janger/15/>. Acesso em: 5 nov. 2008.

Jennings, Richard W.; Marsh, Harold; Coffee Jr., John C. Securities regulation. In: Eizirik, Nelson et al. *Mercado de capitais* – regime jurídico. 2. ed. rev. e atual. Rio de Janeiro: Renovar, 2008.

Kohn, Meir G. *The capital market before 1600*. Dartmouth College, Department of Economics Working Paper No. 99-06, feb. 1999. Disponível em: <www. dartmouth.edu/-mkohn/Papers/99-06. pdf>. Acesso em: 28 mar. 2012.

Leite, Cristiano da Cruz. O papel do advogado na estruturação de fundo de recebíveis. In: Lima Neto, Lucas de. *Securitização de ativos* – a era da desintermediação financeira. Porto Alegre: Zouk, 2007. (Gainvest Publicações).

Lima Neto, Lucas de (Org.). *Securitização de ativos* – a era da desintermediação financeira. Porto Alegre: Zouk, 2007. (Gainvest Publicações).

Lima, Iran Siqueira et al. (Orgs.). *Fundos de Investimentos*: aspectos operacionais e contábeis São Paulo: Atlas, 2004.

Perricone, Sheila. Fundos de investimentos: a política de investimento e a responsabilidade dos administradores, *Revistade Direito Bancário, do Mercado de Capitais e da Arbitragem*, São Paulo: Revista dos Tribunais, ano 4, n. 11, p. 80-100. jan.-mar. 2001. Fundos de Investimento em Direitos Creditórios. Associação Brasileira de Entidades de Mercados Financeiros e de Capitais; redatores: Antônio Filgueira,

Queiroz, José Eduardo Carneiro. Valor mobiliário, oferta pública e oferta privada: conceitos para o desenvolvimento do mercado de capitais. *Revista de Direito Bancário, do Mercado de Capitais*, São Paulo: Revista dos Tribunais, ano 11, n. 41, jul.-set. 2008.

RELATÓRIO DE ANÁLISE – SNC. Processo RJ 2009/12393 – Audiência Pública SNC Fundos no 01/2010. Disponível em: <www.cvm.gov.br>. Acesso em: 27 maio 2012.

Salomão Neto, Eduardo. *Direito bancário.*

São Paulo: Atlas, 2005.

RELATÓRIO DE ANÁLISE – Superintendência de Desenvolvimento de Mercado da CVM – Audiência Pública SDM no 05/2012 – Processo CVM no RJ 2009-7807.

Santana, Rogério de Araújo. *O fundo de investimento em direitos creditórios como alternativa de financiamento*: 2001–2005. 2006. Dissertação (Mestrado em Economia) – Programa de Estudos Pós-Graduados em Economia da Pontifícia Universidade Católica de São Paulo, São Paulo, 2006.

Schwarcz, Steven L. The alchemy of asset securitization. The Board of Trustees of the Leland Stanford Junior University Stanford Journal of Law *Stanford Journal of Law, Business & Finance*, 1994.

STATEMENT of Cameron L. Cowan Partner, Orrick, Herrington, and Sutcliffe LLP on behalf of the American Securitization Forum, before the Subcomittee on Housing and Community Opportunity, Subcomittee on Financial Institutions and Consumer Credit, United States House of Representatives, *Hearing on protecting homeowners*: preventing abusive lending while preserving access to credit, November 5, 2003. Disponível em: <http://financialservices.house.gov/media/pdf/110503cc.pdf>. Acesso em: 27 maio 2012.

SUMMER Program in American Law – Litigation – Professor Suzanne Glodberg. Case: Celotex Corp. v. Catrett, 1986.

USA. *Securities Act of 1933*, Section 11 – Civil Liabilities on Account of False Registration Statement. Disponível em: <http:// www.law.uc.edu/CCL/33Act/ sec11. html>. Acesso em: 25 dez. 2008.

Vieira, Catherine. EU&S.A. Dispensa de registro para oferta restrita entra em audiência. *Valor Econômico*, 9 set. 2008.

Vieira, Eliardo Araújo Lopes; Gazoni, Pedro Luiz; Mollein, Juan. Auditoria em fundos de investimento em direitos creditórios. In: Lima Neto, Lucas de (Org.). *Securitização de ativos* – a era da desintermediação financeira. Porto Alegre: Zouk, 2007. (Gainvest Publicações).